U0712432

文化自信自强丛书

怎样理解和建设中华民族现代文明

人民日报理论部 编

人民日报出版社
北京

图书在版编目 (CIP) 数据

怎样理解和建设中华民族现代文明 / 人民日报理论部
编 . — 北京： 人民日报出版社 , 2023.11
ISBN 978-7-5115-8074-0

Ⅰ . ①怎… Ⅱ . ①人… Ⅲ . ①中华文化－文化发展－
研究 Ⅳ . ① G12

中国国家版本馆 CIP 数据核字（2023）第 208474 号

书　　名：**怎样理解和建设中华民族现代文明**
　　　　　ZENYANG LIJIE HE JIANSHE ZHONGHUA MINZU XIANDAI WENMING
编　　者：人民日报理论部

出 版 人：刘华新
策 划 人：欧阳辉
责任编辑：毕春月　刘思捷
装帧设计：新成博创
　　　　　XIN CHENG BO CHUANG

出版发行：人民日报出版社
社　　址：北京金台西路 2 号
邮政编码：100733
发行热线：（010）65369509　65369527　65369846　65363528
邮购热线：（010）65369530　65363527
编辑热线：（010）65369521
网　　址：www.peopledailypress.com
经　　销：新华书店
印　　刷：大厂回族自治县彩虹印刷有限公司
法律顾问：北京科宇律师事务所　（010）83622312

开　　本：710mm×1000mm　1/16
字　　数：176 千字
印　　张：15.25
版次印次：2023 年 11 月第 1 版　2023 年 11 月第 1 次印刷

书　　号：ISBN 978-7-5115-8074-0
定　　价：48.00 元

目　录

担负起新的文化使命的强大思想武器和科学行动指南··· 曲青山／001

坚持"两个结合"　更好担负起新的文化使命··········· 高　翔／010

深学细悟习近平文化思想　切实担负起新的文化使命··· 庄荣文／018

深刻理解"第二个结合"的重大意义 / 025

01　深刻理解和把握"第二个结合"的重大意义 ······ 王伟光／026

02　深刻理解和不断推进"第二个结合"
　　　··········· 广东省习近平新时代中国特色社会主义思想研究中心／034

03　马克思主义在思想解放中保持蓬勃生机活力 ······ 李佃来／041

04 展现马克思主义政党的创新活力 ·················· 冯鹏志 / 045

05 在更广阔的文化空间中推进理论和制度创新 ······ 张 浩 / 049

06 深入学习领会习近平总书记关于文化建设的新思想新观点新论断 ·················· 汪亭友 / 053

07 "结合"的前提是彼此契合 ·················· 杨朝明 / 060

08 "结合"的结果是互相成就 ·················· 李宗桂 / 063

09 "结合"筑牢了道路根基 ·················· 韩喜平 / 066

10 "结合"打开了创新空间 ·················· 臧峰宇 / 069

11 "结合"巩固了文化主体性 ·················· 吴付来 / 072

12 中国特色的关键就在于"两个结合" ·············· 杨子强 / 079

13 中华文明赋予中国式现代化以深厚底蕴 ··········· 刘礼堂 / 085

深刻把握中华文明的突出特性 / 089

14 中华文明具有突出的连续性 ·············· 方志远 / 090

15 深刻理解中华文明突出的连续性 …………………… 瞿林东 / 093

16 从历史连续性来认识中国 ……………………… 杨艳秋 / 101

17 中华文明具有突出的创新性 ………………… 张海鹏 / 105

18 深刻理解中华文明的创新性 ………………… 何星亮 / 109

19 创新是中华民族最深沉的民族禀赋 ………… 杨共乐 / 116

20 进取精神是中华民族的内在品质 …………… 王学斌 / 119

21 不惧新挑战　勇于接受新事物 ……………… 夏文斌 / 122

22 中华文明具有突出的统一性 ………………… 尹　志 / 125

23 深刻理解中华文明突出的统一性 …………… 邢广程 / 128

24 融为一体　牢固凝聚 ………………………… 谢　湜 / 135

25 家国情怀激发向心力和凝聚力 ……………… 朱　浒 / 139

26 中华文明具有突出的包容性 ………………… 林文勋 / 143

27 深刻理解中华文明突出的包容性 …………… 王学典 / 146

28　中华民族交往交流交融的历史取向 ················· 蒙　曼 / 152

29　中华文化具有兼收并蓄的开放胸怀 ················· 冯颜利 / 156

30　中华文明具有突出的和平性 ················· 胡德坤 / 160

31　深刻理解中华文明突出的和平性 ················· 王　杰 / 163

32　和平性植根于中华文明深处 ················· 韩建业 / 170

33　中华文明在交流互鉴中繁荣发展 ················· 邢丽菊 / 174

34　深刻认识和把握中华文明的和平性 ················· 叶小文 / 177

切实担负起新的文化使命 / 183

35　建设中华民族现代文明的行动指南

　　　　　　················· 中共中国社会科学院党组 / 184

36　为更好担负新的文化使命贡献文旅力量

　　　　　　················· 中共文化和旅游部党组 / 193

37　共同努力创造属于我们这个时代的新文化 ········· 沈壮海 / 200

目　录

38 促进人类文明进步的中国方案 ………………………… 林松添 / 207

39 厚植中华民族现代文明建设的历史底蕴 ………… 卜宪群 / 214

40 坚定文化自信　创造属于我们这个时代的新文化 　刘同舫 / 221

41 提炼展示中华文明的精神标识和文化精髓 ……… 向玉乔 / 227

42 增强中华文明传播力影响力 ……………………… 俞　峰 / 233

担负起新的文化使命的
强大思想武器和科学行动指南

曲青山

　　宣传思想文化工作事关党的前途命运，事关国家长治久安，事关民族凝聚力和向心力，是一项极端重要的工作。党的十八大以来，以习近平同志为核心的党中央统筹中华民族伟大复兴战略全局和世界百年未有之大变局，准确把握世界范围内思想文化相互激荡、我国社会思想观念深刻变化的趋势，从全局和战略高度对宣传思想文化工作作出系统谋划和部署。习近平总书记把宣传思想文化工作摆在治国理政的重要位置，围绕新时代文化建设提出一系列新思想新观点新论断，构成了习近平新时代中国特色社会主义思想的文化篇，形成了习近平文化思想。全国宣传思想文化工作会议正式提出和系统阐述习近平文化思想，在党的宣传思想文化事业发展史上具有里程碑意义。习近平文化思想丰富和发展了马克思主义文化理论，为做好新时代新征程宣传思想文化工作、担负起新的文化使命提供了强大思想武器和科学行动指南。

习近平文化思想是新时代党领导文化建设实践经验的理论总结

文化是民族生存和发展的重要力量。中国共产党从成立之日起，既是中国先进文化的积极引领者和践行者，又是中华优秀传统文化的忠实传承者和弘扬者。党的百余年奋斗凝结着我国文化奋进的历史。在领导革命、建设、改革的伟大历程中，我们党始终高度重视运用文化引领前进方向、凝聚奋斗力量，团结带领全国各族人民不断以思想文化新觉醒、理论创造新成果、文化建设新成就推动党和人民事业向前发展。早在新民主主义革命时期，我们党就深刻认识到"文化是不可少的，任何社会没有文化就建设不起来"，鲜明提出要建立民族的科学的大众的新文化。在社会主义革命和建设时期，我们党提出"百花齐放、百家争鸣"是促进社会主义文化繁荣的方针。在改革开放和社会主义现代化建设新时期，我们党坚持一手抓物质文明、一手抓精神文明，推动社会主义文化繁荣发展，振奋了民族精神，凝聚了民族力量。文化工作在各个历史时期都为推进中华民族伟大复兴发挥了不可替代的重要作用。

党的十八大以来，面对新形势新任务新挑战，以习近平同志为核心的党中央在领导党和人民推进治国理政的实践中，把文化建设摆在全局工作的重要位置，举旗定向、谋篇布局，正本清源、守正创新，围绕在新的历史起点上继续推动文化繁荣、建设文化强国、建设中华民族现代文明这一新的文化使命，对宣传思想文化工作作出一系列重大决策部署，推动新时代宣传思想文化事业取得历史性成就，意识形态领域形势发生全局性、根本性转变。新时代党的创新理论深入人心，社会主义核心价值观广泛传播，中华优秀传统文化创造性转化、创新性发展不断推进，文化事业和文化产业日益繁荣，网络生态持续向好，全党全国各族人民文化自信明显增强、精神面貌更加奋发昂扬，焕发出更为强烈的历史自觉和主动精神，正在信心百倍书写着新时代中国发展的伟大历史，为实现中华民族伟大复兴注入了更为主动的精神力量。

习近平文化思想正是在继承发展党成立以来领导文化建设探索成果和宝贵经验的基础上，在新时代文化建设的伟大实践中形成并不断丰富发展的，是新时代党领导文化建设实践经验的理论总结。

习近平文化思想是"两个结合"的重大成果

在五千多年中华文明深厚基础上开辟和发展中国特色社会主义，把马克思主义基本原理同中国具体实际、同中华优秀传统文化相结合是必由之路。这是我们在探索中国特色社会主义道路中得出的规律性认识，是我们取得成功的最大法宝。"第二个结合"是又一次的思想解放，让我们能够在更广阔的文化空间中，充分运用中华优秀传统文化的宝贵资源，探索面向未来的理论和制度创新。习近平文化思想坚守马克思主义这个魂脉和中华优秀传统文化这个根脉，有效把马克思主义思想精髓同中华优秀传统文化精华贯通起来，谱写了马克思主义文化理论发展新篇章，是"两个结合"的重大成果。

马克思主义文化理论以人的实践为出发点，强调人在劳动中改造了自然、创造了自己，形成了人类文明。坚持文化来源于人的生产和生活实践，又对人的实践具有反作用；坚持文化本质上是社会意识的体现，人是文化发生发展的原因和动力；坚持只有进步的、先进的文化才会对社会和历史发展产生推动作用，从而被继承和发展；坚持客观世界是随着实践的发展不断变化的，文化也必然随着实践和时代的发展不断发展；等等。习近平文化思想的一系列新思想新观点新论断，丰富和发展了马克思主义文化理论。

马克思主义和中华优秀传统文化来源不同，但彼此存在高度的契合性。习近平文化思想坚持把马克思主义基本原理同中华优秀传统文化相结合，既自觉用中华优秀传统文化充实马克思主义的文化生命，推动马克思主义显示出日益鲜明的中国风格与中国气派，推动中国化马克思主义成为中华文化和中国精神的时代精华；又自觉用马克思主义的真理之光，激活中华优秀传统文化中富有生命力的优秀因子并赋予其新的时代内涵，使历史中国的深厚底蕴与现实中国的崭新气象相融通，让马克思主义成为中国的，中华优秀传统文化成为现代的，引领中华文化发展迈向新阶段，巩固了我们的文化主体性，让经由"结合"而形成的新文化成为中国式现代化的文化形态，造就了一个有机统一的新的文化生命体。

习近平文化思想彰显了高度的文化自觉、深沉的文化自信、勇毅的文化担当，既是我们文化主体性的重要体现，也为我们坚守中华文化立场、立足当代中国现实、结合当今时代条件，在守正创新中构筑中华文化新气象、激扬中华文明新活力，在新的起点上不断巩固文化主体性，积极发展反映时代要求、具有时代特色的新文化，发展中华文明的现代形态，奠定了深厚的理论基础。

习近平文化思想构成了习近平新时代中国特色社会主义思想的文化篇

科学的理论总是与伟大的实践相互激荡、共进同行。习近平总书记指出："我们中国共产党人能不能在日益复杂的国际国内环境下坚持住党的领导、坚持和发展中国特色社会主义，这个还需要我们一代一代共产党人继续作出回答。做好意识形态工作，做好宣传思想工作，要放到这个大背景下来认识。"在领导新时代文化建设的伟大实践进程中，习近平总书记以马克思主义政治家、思想家、战略家的历史主动精神、非凡理论勇气、卓越政治智慧、强烈使命担当，深刻把握共产党执政规律、社会主义建设规律、人类社会发展规律，大力推进社会主义文化建设理论创新、实践创新、制度创新，创造性提出一系列富有中国特色、体现时代精神、引领人类文明发展的新思想新观点新论断，形成了习近平文化思想。

党的十八大以来，围绕宣传思想文化工作，党中央召开的会议之密集、作出的决策部署之全面，习近平总书记论述之丰富系统、深刻厚重，在党的历史上是不多见的。习近平总书记先后出席一系列重要会议，围绕文艺工作、党的新闻舆论工作、网络安全和信息化工作、哲学社会科学工作、高校思想政治工作、文化传承发展等宣传思想文化工作各个领域，发表一系列重要讲话、作出一系列重要指示批示，多次主持召开中央政治局常委会会议、中央政治局会议审议通过一系列宣传思想文化工作改革发展方面的规划和方案，在各地考察各类文化传承发展项目并提出一系列要求，在多个重大国际场合阐明对全球文化、文明发展和交流互鉴的一系列中国立场、中国方案。2013年8月，在党的十八大后首次召开的全国宣传思想工作会议上，习近平总书记强调"要巩固马克思主义在意识形态领域的指导地位，巩固全党全国人民团结奋斗的共同思想基础"的根本任务。2017年10月，习近平总书记在党的十九大报告中首次提出"新的文化使命"这一重大命题。在2018年8月全国宣传思想工作会议上，习近平总书记用"九个坚持"高度概括了我们党对宣传思想工作的规律性认识。2021年7月，在庆祝中国共产党成立100周年大会上，习近平总书记首次提出"两个结合"的重大论断。2022年10月，习近平总书记在党的二十大报告中从五个方面重点部署文化建设工作，要求"推进文化自信自强，铸就社会主义文化新辉煌"。在2023年6月文化传承发展座谈会上，习近平总书记明确了文化建设方面的"十四个强调"，鲜明提出坚持党的文化领导权、深刻理解"两个结合"、担负新的文化使命等重大创新观点，提出建设中华民族现代文明的重大任务。在这次对宣传思想文化工作作出的重要指示中，习近平总书记又对宣传思想文化工作提出"七个着力"的要求。这一系列重要论述深刻阐明了新时代文化建设的重大意义、丰富内涵、实践要求等重大问题，形成了系统完整、逻辑严密、相互贯通的科学理论体系。

习近平文化思想内涵十分丰富、论述极为深刻，是新时代党领导文化建设实践经验的理论总结，丰富和发展了马克思主义文化理论。这一重要思想是习近平新时代中国特色社会主义思想在文化建设领域的具体展开和集中体现，构成了习近平新时代中国特色社会主义思想的文化篇，标志着我们党对中国特色社会主义文化建设规律的认识达到了新高度，表明我们党的历史自信、文化自信达到了新高度。

习近平文化思想在我国社会主义文化建设中展现出强大伟力

习近平文化思想具有广阔时代背景、深厚理论基础和坚实实践基础，蕴含着坚定文化自信、宏阔历史视野、深远战略考量，体现了理论与实践相结合、历史与现实相贯通、认识论与方法论相统一等鲜明特点，在推动我国社会主义文化建设中展现出巨大真理力量和强大实践伟力，是指引全党全国各族人民在新的历史起点上继续推动文化繁荣、建设文化强国、建设中华民族现代文明的强大思想武器和科学行动指南。

具有鲜明的科学性。马克思主义之所以影响深远，在于其以深刻的学理揭示人类社会发展的真理性、以完备的体系论证其理论的科学性。习近平文化思想坚持马克思主义立场观点方法，坚持和运用马克思主义文化理论，继承弘扬中华优秀传统文化精华，根据时代和实践发展变化，提出一系列新思想新观点新论断，形成了系统科学的理论体系。这一重要思想既坚持了老祖宗，又讲了很多新话，为丰富发展马克思主义文化理论作出了原创性贡献，为传承发展中华优秀传统文化作出了历史性贡献，为推动人类文明进步事业作出了世界性贡献，其科学性和真理性已经在实践中得到了充分检验。

具有鲜明的人民性。一切脱离人民的理论都是苍白无力的，一切不为人民造福的理论都是没有生命力的。人民性是马克思主义的本质属性，也是贯穿习近平文化思想的根本政治立场。习近平文化思想强调坚持党性和人民性相统一，把体现党的主张和反映人民心声统一起来；强调坚持以人民为中心的工作导向，把服务群众同教育引导群众结合起来；强调坚持以人民为中心的创作导向，把社会效益放在首位、社会效益和经济效益相统一，推出更多增强人民精神力量的优秀作品；强调坚持以人民为中心的研究导向，形成为人民所喜爱、所认同、所拥有的理论。这一重要思想深深植根人民，是来自人民、为了人民、造福人民的理论，是指导人民不断铸就中华文化新辉煌的强大思想武器。

具有鲜明的实践性。实践的观点是马克思主义认识论的基本观点，实践性是马克思主义理论区别于其他理论的显著特征。习近平文化思想坚持马克思主义科学性和实践性的有机统一，在研究问题、解决问题中丰富发展，在推动实践、指导实践中成熟完善。这一重要思想既有文化理论观点上的创新和突破，又有文化工作布局上的部署要求，明体达用、体用贯通。党的十八大以来，宣传思想文化工作之所以取得历史性成就，最根本就在于有习近平总书记领航掌舵，有习近平新时代中国特色社会主义思想科学指引。在新时代文化建设的伟大实践中，习近平文化思想作为习近平新时代中国特色社会主义思想的文化篇，已经展现出巨大的现实解释力和实践引领力，充分彰显出改造客观世界的强大实践伟力。

具有鲜明的开放性。马克思主义不是一成不变的教条，而是随着时代的发展而不断发展。习近平文化思想站在时代前沿、把握时代脉搏，坚持用马克思主义观察时代、解读时代、引领时代，用宽广视野吸收人类创造的一切优秀文明成果，坚持在改革中守正出新、在开放中博采众长，探索时代课题、回应时代挑战，充分彰显出鲜明的时代性和开放性。新时代文化建设的实践创造是生动活泼的，理论创造也必然是生动活泼的。习近平文化思想是一个不断展开的、开放式的思想体系，必将随着实践深入不断丰富发展。

伟大的实践孕育伟大的思想，伟大的思想引领伟大的实践。习近平文化思想具有很强的政治性、思想性、指导性，大大深化了对中国特色社会主义文化建设的规律性认识，是做好宣传思想文化工作的根本遵循和行动指南。新时代新征程，世界百年未有之大变局加速演进，中华民族伟大复兴进入关键时期，战略机遇和风险挑战并存，宣传思想文化工作面临新形势新任务，必须要有新气象新作为。我们要深刻领悟"两个确立"的决定性意义，增强"四个意识"、坚定"四个自信"、做到"两个维护"，深入学习领会、坚决贯彻落实习近平文化思想，自觉担负起新的文化使命，不断巩固全党全国各族人民团结奋斗的共同思想基础，不断提升国家文化软实力和中华文化影响力，为全面建设社会主义现代化国家、全面推进中华民族伟大复兴提供坚强思想保证、强大精神力量、有利文化条件。

《人民日报》2023年10月24日第13版

坚持"两个结合" 更好担负起新的文化使命

高　翔

在五千多年中华文明深厚基础上开辟和发展中国特色社会主义，把马克思主义基本原理同中国具体实际、同中华优秀传统文化相结合是必由之路。"两个结合"是我们党在探索中国特色社会主义道路中得出的规律性认识，是我们推进马克思主义中国化时代化的根本途径。习近平新时代中国特色社会主义思想是当代中国马克思主义、21世纪马克思主义，实现了马克思主义中国化时代化新的飞跃。作为习近平新时代中国特色社会主义思想的文化篇，习近平文化思想为做好新时代新征程宣传思想文化工作、担负起新的文化使命提供了强大思想武器和科学行动指南。新的历史起点上，我们要坚持以习近平新时代中国特色社会主义思想为指导，深入学习贯彻习近平文化思想，自觉坚持"两个结合"，为在新的起点上继续推动文化繁荣、建设文化强国、建设中华民族现代文明作出新的贡献。

习近平文化思想是"两个结合"的重大成果

习近平总书记指出:"如果没有中华五千年文明,哪里有什么中国特色?如果不是中国特色,哪有我们今天这么成功的中国特色社会主义道路?"中国共产党的历史,就是一部不断推进马克思主义中国化时代化的历史,就是一部不断推进理论创新、进行理论创造的历史。回顾党的理论探索史,正反两方面的经验都表明,"两个结合"是推进马克思主义中国化时代化的根本途径。习近平文化思想坚守马克思主义这个魂脉和中华优秀传统文化这个根脉,是"两个结合"的重大成果,既有文化理论观点上的创新和突破,又有文化工作布局上的部署要求,明体达用、体用贯通,谱写了马克思主义文化理论发展新篇章。

把马克思主义基本原理同中国具体实际相结合的重大成果。马克思主义不是书斋里的学问,而是与实践高度关联,不断在指导实践、解决问题的过程中得到检验,又在推动实践发展的过程中得到创新发展。恩格斯指出:"马克思的整个世界观不是教义,而是方法。它提供的不是现成的教条,而是进一步研究的出发点和供这种研究使用的方法。"马克思主义基本原理必须同各国具体实际紧密结合,才能发挥对实践的指导作用。正是通过把马克思主义基本原理同中国革命、建设、改革的具体实际相结合,中国共产党人取得了一系列马克思主义中国化时代化重大理论成果。习近平新时代中国特色社会主义思想深入总结了新时代中国特色社会主义伟大实践的新鲜经验,是马克思主义基本原理同中国具体实际相结合的光辉典范。习近平文化思想是习近平新时代中国特色社会主义思想的文化篇，是新时代党领导文化建设实践经验的理论总结，指引我国宣传思想文化事业在正本清源、守正创新中取得历史性成就，在我国社会主义文化建设中展现出强大伟力。深入学习贯彻习近平文化思想，更好担负起新的文化使命，不断开创新时代宣传思想文化工作新局面，就要深刻认识习近平文化思想是一个不断展开的、开放式的思想体系，必将随着实践深入不断丰富发展。

把马克思主义基本原理同中华优秀传统文化相结合的重大成果。中华优秀传统文化和马克思主义虽然诞生在不同的历史时空，但彼此存在高度的契合性。习近平总书记指出："马克思主义传入中国后，科学社会主义的主张受到中国人民热烈欢迎，并最终扎根中国大地、开花结果，决不是偶然的，而是同我国传承了几千年的优秀历史文化和广大人民日用而不觉的价值观念融通的。"中华优秀传统文化作为中华文明的智慧结晶，其中蕴含的天下为公、民为邦本、为政以德、革故鼎新、任人唯贤、天人合一、自强不息、厚德载物、讲信修睦、亲仁善邻等思想内容，与马克思主义相融相通。具体而言，在价值理念上，中华优秀传统文化中的大同社会理想，同马克思主义设想的共产主义社会理想高度契合；在思维方式上，中华优秀传统文化中的"福祸相依""物极必反"等朴素辩证思维，与马克思主义唯物辩证法内在一致；在行为方式上，中华优秀传统文化中的"知行合一""躬行践履""经世致用"，与马克思主义"主观见之于客观""实践决定认识""理论联系实际"等实践观点具有共通之处。深入学习贯彻习近平文化思想，就要深刻理解"第二个结合"是又一次的思想解放，是对中华文明发展规律的深刻把握，让我们能够在更广阔的文化空间中，充分运用中华优秀传统文化的宝贵资源，探索面向未来的理论和制度创新。

"结合"造就了一个有机统一的新的文化生命体

习近平文化思想是一个内涵丰富的思想体系，对马克思主义文化理论作出了原创性贡献，其中关于"第二个结合"的重大创新观点，深刻揭示了中国特色社会主义文化建设规律，让马克思主义成为中国的，中华优秀传统文化成为现代的，让经由"结合"而形成的新文化成为中国式现代化的文化形态，让我们掌握了思想和文化主动，并有力地作用于道路、理论和制度。

中国共产党既是马克思主义的坚定信仰者和践行者，又是中华优秀传统文化的忠实继承者和弘扬者。在文化传承发展座谈会上的重要讲话中，习近平总书记对"第二个结合"进行深刻阐述，凸显了"第二个结合"的重大意义。中华文明为中国具体实际提供了历史根据和文化内涵，把马克思主义基本原理同中国具体实际相结合，必然要求进一步同中华文明、中华优秀传统文化更深入地结合。马克思主义和中华优秀传统文化互相激发、互相成就，巩固了新时代我们的文化主体性，造就了新的文化生命体。

在"第二个结合"的具体过程中，一方面，马克思主义激活了中华文明的生命力，让中华优秀传统文化迸发出强大的精神力量。十月革命一声炮响，给中国送来马克思列宁主义，真理之光激活了中华文明的基因，中华文明别开生面，实现了从传统到现代的跨越，发展出中华文明的现代形态。另一方面，中华优秀传统文化充实了马克思主义的文化生命，为马克思主义中国化时代化提供了丰厚的历史文化滋养。新时代以来，我们党在推动马克思主义扎根中国历史文化上展现出新气象新作为。例如，习近平总书记把马克思主义自然观与中华优秀传统文化的天人合一思想相结合，提出建设人与自然和谐共生的现代化；把马克思主义世界历史理论、共同体思想与中华优秀传统文化的协和万邦、天下大同思想相结合，提出构建人类命运共同体思想；等等。马克思主义基本原理同中华优秀传统文化相结合，巩固了我们的文化主体性。我们要深刻认识到，"中国"和"中华"不仅是一个地理指称，更是一个历史文化概念。没有文化自信的民族，立不住、站不稳、行不远；失去文化主体性的民族，就会湮没于历史烟云。有了文化主体性，就有了文化意义上坚定的自我，中国共产党就有了引领时代的强大文化力量，中华民族和中国人民就有了国家认同的坚实文化基础，中华文明就有了和世界其他文明交流互鉴的鲜明文化特性。这一文化主体性表现为对中华文明发展道路连续性的自觉追求，对"中国向何处去"的自我决定。创立习近平新时代中国特色社会主义思想就是这一文化主体性的最有力体现。"第二个结合"从大历史观和文明观的角度，从根本上解决了当代中国的文化主体性问题，真正创造了属于我们这个时代的新的文化生命体，体现了新时代文化自信自强的时代风貌。

我们还要深刻认识到，马克思主义基本原理能够同中华优秀传统文化相结合，与中华文明的突出特性密不可分。中华文明是世界上唯一绵延不断且以国家形态发展至今的伟大文明，具有突出的连续性。只有从源远流长的历史连续性认识中国，才能理解古代中国，才能理解现代中国和未来中国，坚定不移走中国特色社会主义道路。中国特色社会主义是科学社会主义理论逻辑和中国社会发展历史逻辑的辩证统一。中华文明是革故鼎新、与时俱进、自强不息的文明，具有突出的创新性。中国共产党领导中国人民赓续中华民族伟大创新精神，守正不守旧、尊古不复古，不惧新挑战、勇于接受新事物，成功实现了中华文明的现代转型。中华文明是多元一体、向内凝聚、团结集中的大一统文明，具有突出的统一性。中华文明的大一统传统，为维护我国统一的多民族国家、维护国家主权和领土完整、实现中华民族大团结奠定了深厚的历史文化根基。中华文明是多元汇聚、兼收并蓄、开放交流的文明，具有突出的包容性。中华文明由多元文化汇聚成共同文化，从根本上决定了中华民族交往交流交融的历史取向，决定了中国各宗教信仰多元并存的和谐格局，决定了中华文化对世界文明兼收并蓄的开放胸怀。中华文明主张群己合一，倡导交通成和、共生并进、保合太和，具有突出的和平性。我们坚定站在历史正确的一边、站在人类文明进步的一边，高举和平、发展、合作、共赢旗帜，在坚定维护世界和平与发展中谋求自身发展，又以自身发展更好维护世界和平与发展。习近平总书记提出中华文明具有五大突出特性，提出"第二个结合"，是对中华文明发展规律的深刻把握，作为习近平文化思想的重要内容，充分表明我们党的历史自信、文化自信达到了新高度，表明我们党在传承中华优秀传统文化中推进文化创新的自觉性达到了新高度。

担负起新的文化使命，加快构建中国特色哲学社会科学

新时代新征程，哲学社会科学战线要坚持以习近平新时代中国特色社会主义思想为指导，深入学习贯彻习近平文化思想，以我国实际为研究起点，阐释中国道路、解读中国实践、构建中国理论，加快构建中国特色哲学社会科学，建构中国自主的知识体系，更好担负起新的文化使命。

加强党对哲学社会科学工作的全面领导。中国共产党是具有高度文化自觉、勇于担当文化使命的马克思主义政党。深入学习贯彻习近平文化思想，要坚持党对意识形态工作的领导权，坚持马克思主义在意识形态领域指导地位的根本制度，加强党对哲学社会科学工作的全面领导。要把习近平新时代中国特色社会主义思想自觉贯彻落实到哲学社会科学研究各方面全过程，加强对错误思潮的批驳，确保正确的政治方向、学术导向和价值取向。

加强体系化研究、学理化阐释。推进理论的体系化、学理化，是理论创新的内在要求和重要途径。习近平新时代中国特色社会主义思想的发展是一个不断丰富拓展并不断体系化、学理化的过程，习近平文化思想是一个不断展开的、开放式的思想体系，必将随着实践深入而不断丰富发展。要持续加强对习近平文化思想的学习、研究、阐释，在真学真懂真信真用上下功夫，在深化内化转化上下功夫，在体系化研究、学理化阐释、学术化表达上下功夫。

打造哲学社会科学的中国学派。当代中国学术要赢得未来、赢得尊严，行稳致远、走向繁荣，必须坚定文化自信，在学科体系、学术体系、话语体系建设上走自己的路，立足中华民族伟大历史实

践和当代实践，用中国道理总结好中国经验，把中国经验提升为中国理论，实现精神上的独立自主。要不断汲取中华优秀历史文化精髓，增强学术原创能力，推动学科交叉融合，建构中国自主的知识体系，打造哲学社会科学的中国学派，不断推动知识创新、理论创新和方法创新，使中华民族现代文明研究充分体现中国特色、中国风格、中国气派。

讲好中华民族现代文明故事。中华民族现代文明是中国的，也是世界的，为中国人民提供精神滋养，也为世界人民奉献思想智慧。我们要立足中国，面向世界，提炼展示中华文明的精神标识和文化精髓，加快构建中国话语和中国叙事体系，与国际学术界展开平等的对话和交流，清晰而响亮地发出中国学术自己的声音。要加强国际传播能力建设，提高塑造国家形象、影响国际舆论的能力，增强国际话语权。

中华民族现代文明是中国共产党领导的社会主义文明，是植根中华优秀传统文化、具有中华文化主体性的文明，是借鉴吸收人类一切优秀文明成果的文明。新时代新征程，我们要坚持以习近平新时代中国特色社会主义思想为指导，深入学习贯彻习近平文化思想，贯彻落实全国宣传思想文化工作会议精神，坚定历史自信、文化自信，坚持"两个结合"，勇担文化使命，为建设社会主义文化强国、建设中华民族现代文明贡献智慧和力量。

《人民日报》2023 年 10 月 31 日 第 9 版

深学细悟习近平文化思想
切实担负起新的文化使命

庄荣文

　　全国宣传思想文化工作会议是党中央决定召开的一次十分重要的会议。会前，习近平总书记对宣传思想文化工作作出重要指示，站在全局和战略高度，充分肯定党的十八大以来宣传思想文化事业取得的历史性成就，深刻阐述宣传思想文化工作的重要地位作用，对全面贯彻党的二十大精神、担负起新的文化使命、做好新时代新征程宣传思想文化工作提出了明确要求，为我们进一步做好宣传思想文化工作指明了前进方向、提供了根本遵循。这次会议最重要的成果，就是正式提出和系统阐述了习近平文化思想。

　　习近平文化思想，明体达用、体用贯通，是新时代党领导文化建设实践经验的理论总结，构成了习近平新时代中国特色社会主义思想的文化篇，标志着我们党对中国特色社会主义文化建设规律的认识达到了新高度，表明我们党的历史自信、文化自信达到了新高度，在党的宣传思想文化事业发展史上具有里程碑意义，为我们做好新时代新征程宣传思想文化工作、担负起新的文化使命提供了强大思想武器和科学行动指南。新时代新征程，我们要认真学习贯彻习近平文化思想，贯彻落实习近平总书记重要指示精神和全国宣传思想文化工作会议精神，推动各项工作落地见效，切实担负起新的文化使命。

深刻感悟习近平文化思想茹古涵今、守正创新的理论光辉，切实增强坚决做到"两个维护"的政治自觉、思想自觉、行动自觉

文化代代传承，思想与时俱进。党的十八大以来，习近平总书记从文化关乎国本、国运的战略高度，坚持把马克思主义基本原理同中国具体实际相结合、同中华优秀传统文化相结合，系统回答了新时代文化建设一系列重大理论和实践问题，形成了内涵丰富、科学系统的习近平文化思想。这一重要思想，植根广袤中国大地和悠久中华民族历史，吸收五千多年中华璀璨文明的精华养分，传承中华民族恪守正道、革故鼎新的文化传统，观照波澜壮阔的新时代文化建设实践，把马克思主义的思想精髓与中华优秀传统文化的精神特质融会贯通起来，对文化建设各个领域都提出了许多标志性引领性的新思想新观点新论断，闪耀着马克思主义真理光芒、充盈着中华文化独特气韵，具有强大的历史穿透力、文化感染力、精神感召力。这一重要思想，为熔铸强国建设、民族复兴的精神之魂谋深虑远，为建设中华民族现代文明举旗定向，充分彰显了习近平总书记马克思主义政治家、思想家、战略家的历史主动精神、非凡理论勇气、卓越政治智慧、强烈使命担当。这一重要思想，为丰富发展马克思主义文化理论作出了原创性贡献，为传承发展中华优秀传统文化作出了历史性贡献，为推动人类文明进步作出了世界性贡献。踏上新征程，我们要深刻领悟"两个确立"的决定性意义，从"两个维护"的政治高度，更加自觉地坚持"两个结合"，加强对习近平文化思想的学习、研究、阐释，深入学习领会其核心要义、精神实质、丰富内涵、实践要求，特别是把握运用这一重要思想的世界观、方法论和贯穿其中的立场观点方法，坚持学思用贯通、知信行统一，将其自觉贯彻落实到网络内容建设和管理的各方面和全过程。

深刻感悟习近平文化思想观乎人文、洞察时变的宏阔视野，切实增强新形势下识变应变求变的历史主动

时代是思想之母，实践是理论之源。当今世界正经历百年未有之大变局，当代中国正经历我国历史上最为广泛而深刻的社会变革，进行着人类历史上最为宏大而独特的实践创新。习近平文化思想正是在这样的时代背景中应运而生、顺势而成的。习近平文化思想立足宣传思想文化工作环境和条件发生深刻变化的时代方位，准确把握世界范围内思想文化相互激荡、我国社会思想观念深刻变化的最新趋势，鲜明提出一系列重大创新观点，为进一步做好宣传思想文化工作指明了前进方向，是当之无愧的立足时代之基、回答时代之问、引领时代之变的科学理论。习近平总书记站在时代和科技前沿，准确把握数字化、网络化、智能化深入发展的时代大势，对如何做好新形势下宣传思想文化工作进行了深邃思考、作出了精辟论述，指出"过不了互联网这一关，就过不了长期执政这一关""必须科学认识网络传播规律，提高用网治网水平，使互联网这个最大变量变成事业发展的最大增量"，强调要加强网上正面宣传、加快推动媒体融合发展、打赢网络意识形态斗争、建立网络综合治理体系、加强网络文明建设，等等。这些重要论述，以全新视野深化了我们党对信息时代宣传思想文化工作的认识，彰显了把握大势、引领时代的使命担当。踏上新征程，我们要自觉运用习近平新时代中国特色社会主义思想观察时代、把握时代、引领时代，深入学习贯彻习近平文化思想，强化互联网思维，提升网络内容建设和管理工作实效，推进工作理念、方法、手段、机制等全方位创新，始终做到准确识变、科学应变、主动求变，在新形势新变化中赢得优势、赢得主动、赢得未来。

深刻感悟习近平文化思想明体达用、体用贯通的丰富内涵，切实增强对社会主义文化建设规律的认识把握

实践发展永无止境，理论创新永无止境。党的十八大以来，习近平总书记统揽社会主义文化建设全局，对网络内容建设和管理、文艺、新闻舆论、哲学社会科学、思想政治工作、文化传承发展等各个领域，逐一进行谋划指导、部署推进，倾注了大量心血、投入了大量精力，紧紧围绕在新的历史起点上继续推动文化繁荣、建设文化强国、建设中华民族现代文明这一新的文化使命，鲜明提出了一系列具有原创性、独创性、开创性的重大理论观点，用"九个坚持"高度概括了我们党对宣传思想工作的规律性认识，明确了文化建设方面的"十四个强调"，鲜明提出坚持党的文化领导权、深刻理

解"两个结合"、担负新的文化使命等重大创新观点，提出建设中华民族现代文明的重大任务，对宣传思想文化工作提出"七个着力"的要求，推动党的文化建设理论在实践中不断发展、在发展中持续深化，形成了习近平文化思想。习近平文化思想坚持时代性与历史性相贯通、继承性与创新性相结合、理论性与实践性相统一、民族性与世界性相融通，把社会主义文化建设放在中华文明赓续传承的历史长河中去思考，放在人类文明发展进步的时代潮流中去把握，放在世界文化相互激荡的宏大背景中去审视，放在强国建设、民族复兴的战略全局中去推进，既有本体论、认识论高度上的整体观照，又有实践论、方法论上的具体指导，以其深邃的历史感、突出的实践性、体系化的辩证思维，把我们党对中国特色社会主义文化建设规律的认识提升到一个全新高度。踏上新征程，我们要准确把握和深刻领悟这一重要思想的精神实质和丰富内涵，学在深处、谋在新处、干在实处，不断深化对互联网发展规律的认识，大力发展互联网、积极运用互联网、有效驾驭互联网，更加有力有效服务社会主义文化建设。

深刻感悟习近平文化思想凝心铸魂、领航掌舵的实践伟力，切实增强推进事业发展的历史自信和文化自信

思想凝聚力量，旗帜昭示方向。回顾新时代走过的非凡历程，习近平总书记始终把文化建设摆在全局工作的重要位置，举旗定向、谋篇布局，提出一系列根本性、长远性重大科学论断，作出一系列战略性、全局性重大决策部署，推动新时代宣传思想文化工作气象一新、格局一新、境界一新，取得历史性成就，意识形态领域形势发生全局性、根本性转变，为实现中华民族伟大复兴注入了更为主动的精神力量。与宣传思想文化工作同步，网络内容建设和管理工作也取得历史性成就，网络空间主流思想舆论巩固壮大，网络综合治理体系基本建成，网络文明建设不断深化，网络生态持续向善向好，打赢一系列网络意识形态领域重大战役，有力维护了国家政治安全和意识形态安全，实现了网络意识形态领域由乱到治的全局性、根本性转变。我们深深感到，这些成绩的取得，最根本在于有习近平总书记领航掌舵，有习近平新时代中国特色社会主义思想科学指引。新时代宣传思想文化事业取得的丰硕成果，雄辩地印证了党在文化建设理论上的发展成熟。踏上新征程，我们要坚定历史自信、增强历史主动，认真总结管网治网实践的经验成效，进一步激发自信自立自强的巨大力量，坚守志不改、道不变的信念与决心，坚决贯彻党中央关于宣传思想文化工作的战略部署，不断丰富拓展中国特色治网之道，把习近平文化思想所蕴含的强大真理力量转化为推动网络内容建设和管理工作不断开创新局面的不竭动力。

深刻感悟习近平文化思想继往开来、擘画蓝图的科学指引，切实增强践行新的文化使命的责任担当

历史长河奔涌向前，时代号角催人奋进。习近平文化思想是在统合古今之变、把握历史之脉、顺应时代之势的基础上谋划现实、开辟未来的宝贵思想结晶。习近平总书记关于宣传思想文化工作的重要指示，围绕切实担负起新的文化使命，牢牢把握新时代宣传思想文化工作的根本点、着力点和关键点，鲜明提出了"七个着力"的要求，这既是对新时代宣传思想文化工作实践经验的深刻总结，也是对新征程铸就社会主义文化新辉煌的科学指引，集中体现了习近平文化思想的实践要求，为我们做好工作指明了前进方向。踏上新征程，我们要始终坚持党对宣传思想文化工作的全面领导，围绕中心、服务大局，坚定主心骨、把准定盘星，在把握信息时代潮流中筑牢网络阵地，在紧扣主题主线中唱响时代凯歌，在担当使命任务中实现高质量发展，以"时时放心不下"的责任感使命感，奋力开创网络内容建设和管理工作新局面，为强国建设、民族复兴凝聚奋进力量、营造良好环境。聚焦首要政治任务，把用心用情用功做好习近平新时代中国特色社会主义思想网上宣传作为头等大事，持续推动党的创新理论入脑入心；创新网上正面宣传，加强全媒体传播体系建设，丰富优质内容供给，强化网上互动引导，充分激发奋进新征程、建功新时代的精神动力；坚决守牢网上阵地，深入研判网络意识形态领域的新苗头、新动向、新趋势、新特点，加强网上舆论引导和风险防范，坚决清理各类有害信息，坚决维护网上政治安全和意识形态安全；提升网络综合治理效能，强化技术管网能力建设，深入推进网络立法、执法、普法，有力净化网络生态，加强网络文明建设，引导亿万网民共建网上美好精神家园，广泛汇聚建设中华民族现代文明的磅礴力量。

《人民日报》2023 年 11 月 1 日 第 9 版

深刻理解"第二个结合"的重大意义

01

深刻理解和把握"第二个结合"的
重大意义

王伟光

习近平总书记在文化传承发展座谈会上指出:"'第二个结合',是我们党对马克思主义中国化时代化历史经验的深刻总结,是对中华文明发展规律的深刻把握,表明我们党对中国道路、理论、制度的认识达到了新高度,表明我们党的历史自信、文化自信达到了新高度,表明我们党在传承中华优秀传统文化中推进文化创新的自觉性达到了新高度。"习近平总书记的重要论述,为深刻理解和把握"第二个结合"的重大意义、不断谱写马克思主义中国化时代化新篇章、建设中华民族现代文明提供了科学指引。

表明我们党对中国道路、理论、制度的认识达到了新高度

习近平总书记指出:"'结合'打开了创新空间""'第二个结合'让我们掌握了思想和文化主动,并有力地作用于道路、理论和制度"。从"宅兹中国"的文化根基,到"何以中国"的文化自觉,"第二个结合"贯通过去、现在和未来,让我们能够在更广阔的文化空间中,充分运用中华优秀传统文化的宝贵资源,探索面向未来的理论和制度创新。

我们党对坚持和发展中国道路的认识达到新高度。马克思主义基本原理同中华优秀传统文化的结合,筑牢了道路根基,让中国特色社会主义道路有了更加宏阔深远的历史纵深,拓展了中国特色社会主义道路的文化根基。中国特色社会主义道路,是在马克思主义指导下走出来的,也是从5000多年中华文明史中走出来的。没有中华5000多年文明,就不会有中国特色;没有中国特色,就不会有我们今天如此成功的中国道路。中国道路每一步的开拓,都是基于马克思主义与中国历史、中华文化和中国国情的结合。中华民族和中国人民在修齐治平、尊时守位、知常达变、开物成务、建功立业的过程中,形成的讲仁爱、重民本、守诚信、崇正义、尚和合、求大同等价值观念,自强不息、敬业乐群、扶危济困、见义勇为、孝老爱亲等中华传统美德,求同存异、和而不同,文以载道、以文化人,俭约自守、中和泰和等人文精神,构成了中国道路的内在基因密码。这些重要价值观念、传统美德、人文精神深刻体现于安邦理政的治国之道中,贯彻于修身处世的道德理念中,灌注于格物究理的思想方法中,呈现于质文兼具的表达方式中。中华优秀传统文化

的恒久与坚韧、清醒与思辨，为我们坚定不移走中国特色社会主义道路提供了丰沛精神动力和丰厚思想资源。

我们党对坚持和发展中国理论的认识达到新高度。马克思主义真理之树只有植根本国、本民族历史文化沃土才能根深叶茂。马克思主义理论不是教条，而是行动指南，必须随着实践的变化而发展。一部马克思主义发展史就是马克思、恩格斯以及他们的后继者们不断根据时代、实践、认识发展而发展的历史，是不断吸收人类历史上一切优秀思想文化成果丰富自己的历史。马克思主义中国化时代化这个重大命题本身就决定，我们决不能抛弃马克思主义这个魂脉，决不能抛弃中华优秀传统文化这个根脉。百余年来，我们党坚持把马克思主义写在自己的旗帜上，把科学社会主义基本原则同本国具体实际、历史文化传统、时代要求紧密结合起来，在推进"两个结合"中，把马克思主义思想精髓同中华优秀传统文化精华贯通起来、同人民群众日用而不觉的共同价值观念融通起来，从中华优秀传统文化中寻找源头活水，不断推进马克思主义中国化时代化，创立了毛泽东思想、邓小平理论，形成了"三个代表"重要思想、科学发展观，创立了习近平新时代中国特色社会主义思想，不仅深刻改变了中国，而且极大丰富和发展了马克思主义。

我们党对坚持和发展中国制度的认识达到新高度。"经国序民，正其制度。"制度优势是一个政党、一个国家的最大优势。中国特色社会主义制度是当代中国发展进步的根本保证。中国制度以马克思主义为指导、植根中国大地、具有深厚中华文化根基。中华优秀传统文化为坚持和发展中国制度提供了深厚文化根基，"第二个结合"

为坚持和发展中国制度指明了必由之路。在几千年的历史演进中，中华民族创造了灿烂的古代文明，形成了关于国家制度和国家治理的丰富思想，如大道之行、天下为公的大同理想，六合同风、四海一家的大一统政治理念，德主刑辅、以德化人的德治主张，等等。这些重要思想理念作为中华优秀传统文化的组成部分，深深植根在中国人民内心，潜移默化影响着中国人民的思想方式和行为方式，成为新时代我们党治国理政的重要思想文化源泉。

表明我们党的历史自信、文化自信达到了新高度

习近平总书记指出："中国有坚定的道路自信、理论自信、制度自信，其本质是建立在 5000 多年文明传承基础上的文化自信。"历经革命烽火、走过建设时期、激荡改革风云、奋进复兴征程，我们党始终将马克思主义基本原理同中华优秀传统文化相结合，将马克思主义思想精髓同中华优秀传统文化精神特质相融通。在这一过程中，党的历史自信、文化自信日益坚定。

坚定历史自信、文化自信的实践必然。我们党是中国先进文化的积极引领者和践行者，中华优秀传统文化的忠实传承者和弘扬者，具有高度历史自信、文化自信。在新民主主义革命时期，我们党坚持用民族形式、大众话语阐释中国革命问题。在社会主义革命和建设时期，我们党坚持"双百"方针，对中华优秀传统文化中的哲学、历史、文学、艺术等进行了系统整理与研究。在改革开放和社会主义现代化建设新时期，我们党坚持"二为"方向，从中华优秀传统文化中汲取智慧和力量。进入新时代，以习近平同志为核心的党中

央把文化建设摆在全局工作的重要位置，不断深化对"第二个结合"的规律性认识，提出一系列新思想新观点新论断。在庆祝中国共产党成立 100 周年大会上，习近平总书记首次提出把马克思主义基本原理同中华优秀传统文化相结合。"第二个结合"先后被写入《中共中央关于党的百年奋斗重大成就和历史经验的决议》和党的二十大报告。在文化传承发展座谈会上，习近平总书记对"第二个结合"作出深入系统论述，为推动中华优秀传统文化创造性转化、创新性发展，推进中国特色社会主义文化建设提供了根本遵循。

坚定历史自信、文化自信的使命必然。习近平总书记强调："在新的起点上继续推动文化繁荣、建设文化强国、建设中华民族现代文明，是我们在新时代新的文化使命。"中华民族现代文明立足于强国建设、民族复兴的伟大实践，以中华民族 5000 多年文明史为深厚基础，以在新的历史起点上推动文化繁荣、建设文化强国为时代关切，具有深厚的历史渊源和广泛的现实基础，与中国道路、中国理论、中国制度相契合。中华民族现代文明是赓续古老文明的现代文明，不是消灭古老文明的现代文明；是从中华大地长出来的现代文明，不是照搬照抄其他国家的现代文明；是文明更新的现代文明，不是文明断裂的现代文明，蕴含中华民族的智慧、精神、文化，内含生生不息的力量。只有不断推进"第二个结合"，才能切实担负起新的文化使命，在实践创造中造就有机统一的新的文化生命体，在历史进步中建设中华民族现代文明。

坚定历史自信、文化自信的逻辑必然。马克思主义和中华优秀传统文化来源不同，但彼此存在高度的契合性。马克思主义进入中国，没有水土不服，而是在中国大地牢牢扎根；中华文明发展到现代，没有断流枯萎，而是在中国式现代化的伟大进程中展现出勃勃生机，都与这种高度契合性密切相关。中华优秀传统文化蕴含的天下为公、民为邦本、为政以德、革故鼎新、任人唯贤、天人合一、自强不息、厚德载物、讲信修睦、亲仁善邻等，是中国人民在长期生产生活中积累的宇宙观、天下观、社会观、道德观的重要体现，同科学社会主义价值观主张具有高度契合性。这决定了"第二个结合"不是拼盘，不是简单的物理反应，而是深刻的化学反应，不仅让马克思主义深深植根于中华民族的文化沃土中，更用真理的力量激活了中华文明。"第二个结合"，让马克思主义成为中国的，让中华优秀传统文化成为现代的，深刻体现我们党坚定历史自信、文化自信的逻辑必然。

表明我们党在传承中华优秀传统文化中推进文化创新的自觉性达到了新高度

习近平总书记指出："'结合'巩固了文化主体性""创立新时代中国特色社会主义思想就是这一文化主体性的最有力体现"。在推进"第二个结合"中，我们党始终以开放包容的姿态不断推进马克思主义中国化时代化，传承发展中华优秀传统文化，促进外来文化本土化，以守正创新的正气和锐气，赓续历史文脉、谱写当代华章，推动中华文明重焕荣光。

在"第二个结合"中巩固文化主体性。中国人民和中华民族从近代以后的深重苦难走向伟大复兴的光明前景，从来就没有教科书，更没有现成答案。中国的问题必须从中国基本国情出发，由中国人自己来解答。百余年来，我们党基于对中国基本国情、历史传统与文化积淀的深刻认识，以积极的历史担当、文化主动和自觉精神，在"两个结合"中不断推动党的指导思想与时俱进，充分体现了文化主体性。在统筹把握中华民族伟大复兴战略全局和世界百年未有之大变局的时代条件下，"第二个结合"有力推进马克思主义基本原理同中华文明的突出特性内在贯通、相互融通，为推进马克思主义中国化时代化注入了蓬勃生机和内生动力。

在"第二个结合"中坚持守正创新。习近平总书记指出："新时代的文化工作者必须以守正创新的正气和锐气，赓续历史文脉、谱写当代华章。"在推进"第二个结合"中坚持守正创新，一方面要始终把马克思主义作为立党立国、兴党兴国的根本指导思想，坚守"第二个结合"的主义之"正"、理论之"正"、道路之"正"、制度之"正"、文化之"正"，坚持走自己的路，用中国道理总结好中国经验，把中国经验提升为中国理论，实现精神上的独立自主。另一方面要坚持在继承传统中创新发展，深入挖掘中华优秀传统文化的时代价值，不断用中华优秀传统文化丰富马克思主义的内容与形式，使之更好与中华民族现代文明相适应，更好与推进中国式现代化相协调，切实做到在"结合"中创新、在创新中"结合"，在守正创新中构筑中华文化新气象、激扬中华文明新活力。

在"第二个结合"中保持开放包容。中华文明具有突出的包容性，从根本上决定了中华民族交往交流交融的历史取向，决定了中华文化对世界文明兼收并蓄的开放胸怀。中华文明自古就以开放包容闻名于世，在同其他文明的交流互鉴中不断焕发新的生命力。我们在推进"第二个结合"中，要自觉弘扬和平、发展、公平、正义、民主、自由的全人类共同价值，推动不同国家、不同民族、不同文化和谐共处、互学互鉴，共同消除现实生活中的文化壁垒，共同抵制妨碍人类心灵互动的观念纠缪，共同打破阻碍人类交往的精神隔阂，让各国人民相知相亲、互信互敬，让世界各国文明交流对话、求同存异，弘扬全人类共同价值，丰富世界文明百花园。

《人民日报》2023 年 7 月 12 日第 9 版

02

深刻理解和不断推进
"第二个结合"

广东省习近平新时代中国特色社会主义思想研究中心

习近平总书记在文化传承发展座谈会上强调："'第二个结合'，是我们党对马克思主义中国化时代化历史经验的深刻总结，是对中华文明发展规律的深刻把握，表明我们党对中国道路、理论、制度的认识达到了新高度，表明我们党的历史自信、文化自信达到了新高度，表明我们党在传承中华优秀传统文化中推进文化创新的自觉性达到了新高度。"我们要深入学习贯彻习近平总书记重要讲话精神，不断深化对马克思主义中国化时代化历史经验、中华文明发展规律的认识，不断推进"第二个结合"。

深刻理解马克思主义和中华优秀传统文化高度的契合性

习近平总书记强调:"马克思主义和中华优秀传统文化来源不同,但彼此存在高度的契合性。"马克思主义产生于 19 世纪的欧洲,与中华优秀传统文化产生的时间、空间和社会环境存在较大差异,但二者在许多方面具有高度的契合性,这为"第二个结合"创造了必要前提和重要基础。

在思想内容方面具有高度的契合性。马克思主义和中华优秀传统文化高度的契合性,主要体现在思想内容方面。比如,马克思主义认为,人民群众是物质财富的创造者,人民群众的实践是精神文化的真正源泉,人民群众是历史的创造者,是社会变革的决定力量。千百年来,"民惟邦本,本固邦宁""治国之道,富民为始"等民本理念在我国代代相传、影响深远,成为中华优秀传统文化的精华。马克思主义人民观和中华优秀传统文化中的民本理念具有高度契合性。又如,马克思主义认为,"人靠自然界生活",人类在同自然的互动中生产、生活、发展,人类善待自然,自然也会馈赠人类,但"如果说人靠科学和创造性天才征服了自然力,那么自然力也对人进行报复"。马克思主义关于人与自然关系的思想,与道法自然、天人合一等中华优秀传统生态文化具有高度的契合性。思想内容方面高度的契合性,为"第二个结合"奠定了坚实基础。

在使命追求方面具有高度的契合性。两种思想文化要实现深度结合,在基本价值取向、使命追求上就要有高度的契合性。马克思主义以人的解放和自由全面发展为价值目标,第一次站在人民的立场探求人类自由解放的道路,以科学的理论为最终建立一个没有压迫、没有剥削、人人平等、人人自由的理想社会指明了方向。中华优秀传统文化追求"天下一家"，主张民胞物与、协和万邦、天下大同，憧憬"大道之行，天下为公"的美好世界。中国共产党为中国人民谋幸福、为中华民族谋复兴，也为人类谋进步、为世界谋大同。实践证明，马克思主义和中华优秀传统文化在使命追求方面高度的契合性，为"第二个结合"创造了重要条件。

在开放品格方面具有高度的契合性。开放品格是一种思想文化创新发展的必备要素，也是不同思想文化交流交融的先决条件。马克思主义是不断发展的开放的理论，始终站在时代前沿，随着实践的变化而发展。一部马克思主义发展史，就是马克思、恩格斯以及他们的后继者们不断根据时代、实践、认识发展而发展的历史，是不断吸收人类历史上一切优秀思想文化成果丰富自己的历史。中华优秀传统文化具有开放包容的鲜明特质，在漫长历史演进过程中，中华优秀传统文化总是与时迁移、应物变化，在兼收并蓄、博采众长中不断发展自己。马克思主义和中华优秀传统文化在开放品格方面高度的契合性，使马克思主义基本原理同中华优秀传统文化相结合成为可能。

深刻认识"第二个结合"的重大意义

习近平总书记强调："在五千多年中华文明深厚基础上开辟和发展中国特色社会主义，把马克思主义基本原理同中国具体实际、同中华优秀传统文化相结合是必由之路。这是我们在探索中国特色社会主义道路中得出的规律性的认识。"新时代坚持和发展中国特色社会主义，必须深刻认识"第二个结合"的重大意义。

"结合"的结果是互相成就。马克思主义深刻揭示了自然界、人类社会、人类思维发展的普遍规律，犹如壮丽的日出，照亮了人类探索历史规律和寻求自身解放的道路。同时，马克思主义只有同中国具体实际相结合、同中华优秀传统文化相结合，才能以中国化时代化的马克思主义解决中国问题，才能彰显其超越时代和地域的科学真理性。中华优秀传统文化源远流长，蕴含着中华民族五千多年来积累的伟大智慧。中华优秀传统文化只有不断创造性转化、创新性发展，与现代文明深度融合，才能永葆生机活力。马克思主义基本原理同中华优秀传统文化的结合，不是拼盘，不是简单的物理反应，而是深刻的化学反应，造就了一个有机统一的新的文化生命体，让马克思主义成为中国的，中华优秀传统文化成为现代的，让经由"结合"而形成的新文化成为中国式现代化的文化形态。

"结合"筑牢了道路根基。文明的发展具有继承性，离开传统文明，现代文明既无法生成，也难以发展。中国特色社会主义道路，是科学社会主义理论逻辑和中国社会发展历史逻辑的辩证统一，既不断激发中华优秀传统文化的生机和活力，又从中华优秀传统文化中汲取智慧和力量，具有深厚的历史渊源和广泛的现实基础。中国式现代化是赓续古老文明的现代化，而不是消灭古老文明的现代化；是从中华大地生长出来的现代化，不是照搬照抄其他国家的现代化；是文明更新的结果，不是文明断裂的产物。马克思主义基本原理同中国具体实际相结合、同中华优秀传统文化相结合，让中国特色社会主义道路有了更加宏阔深远的历史纵深，拓展了中国特色社会主义道路的文化根基。在马克思主义基本原理同中华优秀传统文化相结合的过程中，中国式现代化赋予中华文明以现代力量，中华文明赋予中国式现代化以深厚底蕴。

"结合"打开了创新空间。思想文化的发展需要不断打开创新空间。只有坚持从本国本民族实际出发，以海纳百川的宽阔胸襟借鉴吸收人类一切优秀文明成果，坚持取长补短、择善而从，讲求兼收并蓄，才能不断拓展文化创新空间，掌握推进理论创新、实践创新、制度创新、文化创新以及其他各方面创新的思想和文化主动。马克思主义基本原理同中华优秀传统文化相结合，是又一次的思想解放，让我们在更广阔的文化空间中，充分运用中华优秀传统文化的宝贵资源，探索面向未来的理论和制度创新。

"结合"巩固了文化主体性。文化主体性主要表现为文化发展的自觉性、主动性和独立性，是历史自信、文化自信的重要标志。习近平新时代中国特色社会主义思想坚持马克思主义立场观点方法，坚持科学社会主义基本原则，深刻总结和充分运用党百年奋斗的历史经验，继承弘扬中华优秀传统文化精华，根据时代和实践发展变化，以崭新的思想内容丰富发展了马克思主义，是当代中国马克思主义、21世纪马克思主义，是中华文化和中国精神的时代精华，实现了马克思主义中国化时代化新的飞跃。

深刻把握推进"第二个结合"的着力点

党的二十大报告提出："坚持和发展马克思主义，必须同中华优秀传统文化相结合。"把马克思主义基本原理同中华优秀传统文化相结合，必须充分发挥人民群众主体作用，坚持以实践为检验标准，深入把握时代特征，让中国化时代化的马克思主义具有更加鲜明的中国特色、中国风格、中国气派。

充分发挥人民群众主体作用。党的二十大报告提出："把马克思主义思想精髓同中华优秀传统文化精华贯通起来、同人民群众日用而不觉的共同价值观念融通起来""我们要站稳人民立场、把握人民愿望、尊重人民创造、集中人民智慧，形成为人民所喜爱、所认同、所拥有的理论"。这些重要论述指明了把马克思主义基本原理同中华优秀传统文化相结合的科学方法，彰显了人民群众在推进马克思主义中国化时代化进程中的主体作用。把马克思主义基本原理同中华优秀传统文化相结合，必须充分发挥人民群众主体作用，不断夯实马克思主义中国化时代化的历史基础和群众基础，让马克思主义在中国牢牢扎根。

坚持以实践为检验标准。把马克思主义基本原理同中华优秀传统文化相结合，结合的成效如何，实践是最终检验标准。新时代十年的伟大变革，充分证明习近平新时代中国特色社会主义思想的真理力量和实践伟力。新征程上，我们要从新时代中国特色社会主义实践需要出发，坚持马克思主义立场观点方法，对中华优秀传统文化蕴含的哲学思想、人文精神、价值理念、道德规范等进行创造性转化、创新性发展，在不断把马克思主义基本原理同中华优秀传统文化相结合的同时，推动新时代中国特色社会主义实践不断深入拓展。

深入把握时代特征。把马克思主义基本原理同中华优秀传统文化相结合，是一个长期的历史过程，必须紧密结合时代发展，深入把握时代特征。在中国特色社会主义新时代，对中华优秀传统文化的发掘和阐释、传承和弘扬，必须坚持以当代中国马克思主义、21世纪马克思主义为指导，坚持古为今用、推陈出新，顺应新时代发展潮流和发展趋势，不断赋予中华优秀传统文化新的时代内涵和表达形式，充分激发中华优秀传统文化的生命力和感召力，为实现中华民族伟大复兴汇聚起强大精神力量。

执笔：陈金龙

《人民日报》2023 年 6 月 20 日第 9 版

03

马克思主义在思想解放中
保持蓬勃生机活力

李佃来

在五千多年中华文明深厚基础上开辟和发展中国特色社会主义，把马克思主义基本原理同中国具体实际、同中华优秀传统文化相结合是必由之路。习近平总书记提出"'第二个结合'是又一次的思想解放"，深刻揭示了中华优秀传统文化是我们党创新理论的"根"，深刻阐明了思想解放在马克思主义中国化时代化进程中的重要意义。

马克思主义不断发展的过程也是不断解放思想的过程。马克思主义不是教条，而是开放的、与时俱进的、需要结合具体情况不断发展的科学理论。马克思主义在 19 世纪的创立，本身就是一次开启人类思想新纪元的伟大革命。在发展过程中，马克思主义科学理论不断冲破各种教条和禁锢，在思想解放中保持蓬勃生机活力。20 世纪以来，马克思主义经历了一个波澜壮阔、别开生面的发展过程，思想解放在马克思主义理论发展中的价值和作用不断凸显。正是在不断解放思想的过程中，马克思主义不断实现理论上的创新突破，始终成为深刻揭示自然界、人类社会、人类思维发展普遍规律，指导人类社会发展进步的科学真理。

思想解放为推进马克思主义中国化时代化提供强劲内生动力。马克思主义理论的创新发展，总是以本土化和时代化的形式实现的。其中，思想解放发挥了重要作用。马克思主义在中国传播和发展过程中，不断同中国具体实际、同中华优秀传统文化相结合，铸就了马克思主义中国化时代化的百年进程。在这一进程的每一关键处，思想解放都具有拨云见日的重大理论先导意义。历史上，脱离中国具体实际，生搬硬套马克思主义著作个别字句的主观主义、教条主义，曾给中国革命带来严重损失。在同主观主义、教条主义的斗争中，以毛泽东同志为主要代表的中国共产党人把马克思列宁主义的基本原理同中国革命的具体实践结合起来，创立了毛泽东思想。对教条主义的批判与清理，本身就是一次思想大解放。这一思想解放筑牢了马克思主义中国化时代化的思想理论根基，为党和人民事业发展提供了科学指引。十年"文革"结束后，在党和国家面临何去何从的重大历史关头，邓小平同志指出："一个党，一个国家，一个民族，如果一切从本本出发，思想僵化，迷信盛行，那它就不能前进，它的生机就停止了，就要亡党亡国。""我们讲解放思想，是指在马克思主义指导下打破习惯势力和主观偏见的束缚，研究新情况，解决新问题。"正是在不断的思想解放中，我们党科学回答什么是社会主义、怎样建设社会主义这一根本问题，成功开创了中国特色社会主义。习近平总书记强调："价值先进、思想解放，是一个社会活力的来源""改革开放的过程就是思想解放的过程。没有思想大解放，就不会有改革大突破"。中国特色社会主义进入新时代，以习近平同志为核心的党中央坚持解放思想、实事求是、与时俱进、求真务实，一切从实际出发，着眼解决新时代改革开放和社会主义现代化建设的实际问题，不断回答中国之问、世界之问、人民之问、时代之问，作出符合中国实际和时代要求的正确回答，得出符合客观规律的科学认识，形成与时俱进的理论成果，开辟了马克思主义中国化时代化新境界。正是在不断解放思想中，马克思主义中国化时代化不断取得新的重大理论成果，引领党和人民事业从胜利走向新的胜利。

"第二个结合"促进形成中国式现代化的文化形态。马克思主义中国化时代化的进程，既表现为马克思主义真理之树在中国大地从生根发芽到根深叶茂的过程，又表现为用马克思主义真理力量激活中华民族历经几千年创造的伟大文明的过程。中国特色社会主义进入新时代，我们党从马克思主义中国化时代化根本途径的高度深刻理解和把握"第二个结合"的重要意义，更加自觉主动地把马克思主义思想精髓同中华优秀传统文化精华贯通起来、同人民群众日用而不觉的共同价值观念融通起来，推进了又一次的思想解放，为探索面向未来的理论和制度创新开辟了更广阔的文化空间。正是在马克思主义和中华优秀传统文化的互相成就中，造就了一个有机统一的新的文化生命体，让马克思主义成为中国的，中华优秀传统文化成为现代的，让经由"结合"而形成的新文化成为中国式现代化的文化形态。中国式现代化是赓续古老文明的现代化，而不是消灭古老文明的现代化；是从中华大地生长出来的现代化，不是照搬照抄其他国家的现代化；是文明更新的结果，不是文明断裂的产物。"第二个结合"是我们党对马克思主义中国化时代化历史经验的深刻总结，是对中华文明发展规律的深刻把握，表明我们党对中国道路、理论、制度的认识达到了新高度，表明我们党的历史自信、文化自信达到了新高度，表明我们党在传承中华优秀传统文化中推进文化创新的自觉性达到了新高度。正是在推进"第二个结合"中，中国式现代化赋予中华文明以现代力量，中华文明赋予中国式现代化以深厚底蕴。

《人民日报》2023 年 7 月 10 日第 9 版

04

展现马克思主义政党的创新活力

冯鹏志

习近平总书记在文化传承发展座谈会上指出："'第二个结合'是又一次的思想解放，让我们能够在更广阔的文化空间中，充分运用中华优秀传统文化的宝贵资源，探索面向未来的理论和制度创新。"这深刻阐明了"第二个结合"作为又一次的思想解放对于党的理论创新和制度创新的重要意义，彰显马克思主义政党守正创新的鲜明气象。

在解放思想中永葆创新活力。解放思想是理论和制度创新的先导。人们摆脱原有条条框框的束缚，冲破陈旧观念的桎梏，才能让思想更加符合客观实际。解放思想、实事求是、与时俱进是马克思主义活的灵魂。在解放思想中永葆创新活力，是马克思主义政党建设的重要规律之一。马克思主义政党正是在一次又一次的思想解放中，不断冲破各种条条框框的束缚，始终保持旺盛的生机活力。中国共产党坚持把马克思主义写在自己的旗帜上，以科学的态度对待科学，以真理的精神追求真理，没有将马克思、恩格斯在特定历史语境中提出的论断视为一成不变的教条。毛泽东同志指出："教条主义是哪里来的？是不是从马、恩、列、斯那里来的？不是的。他们经常在著作里提醒我们，说他们的学说是行动的指南，是武器，不是教条。人家讲的不是教条，我们读后变成了教条，这是因为我们没有读通，不会读"。习近平总书记强调："对待马克思主义，不能采取教条主义的态度，也不能采取实用主义的态度。"作为朝气蓬勃的马克思主义政党，我们党坚持解放思想，在理论与实践的良性互动中不断推进马克思主义中国化时代化，在守正创新中始终掌握推进理论创新、实践创新、制度创新、文化创新以及其他各方面创新的思想和文化主动。特别是"第二个结合"把马克思主义思想精髓同中华优秀传统文化精华贯通起来、同人民群众日用而不觉的共同价值观念融通起来，让马克思主义成为中国的，中华优秀传统文化成为现代的，让经由"结合"而形成的新文化成为中国式现代化的文化形态。在坚持和不断推进"第二个结合"的过程中，我们党破除传统与现代二元对立的误区，破除"现代化＝西方化"的迷思，成功创造了中国式现代化新道路，创造了人类文明新形态。

在解放思想中统一思想。马克思主义政党不是"个人的偶然凑合"，而是以科学理论为指导，由具有共产主义觉悟的先进分子基于共同的理想、共同的目标、共同的纲领和严格的纪律组织起来的先进政党。坚持在解放思想中统一思想，在统一思想中团结奋斗，是马克思主义政党建设的又一重要经验。百余年来，我们党在一次又一次思想解放中不断实现党的指导思想的与时俱进，推动全党以理论上的清醒达到政治上的坚定，在团结奋斗中不断开创党和国家事业发展新局面。进入新时代，以习近平同志为主要代表的中国共产党人，从理论和实践的结合上深入回答关系党和国家事业发展、党治国理政的一系列重大时代课题，创立了习近平新时代中国特色社会主义思想，实现了马克思主义中国化时代化新的飞跃。习近平新时代中国特色社会主义思想是马克思主义中国化时代化最新成果，是全党全国人民为实现中华民族伟大复兴而奋斗的行动指南。党的二十大报告对坚持不懈用习近平新时代中国特色社会主义思想凝心铸魂作出重大部署，对我们在新时代加强党的思想建设具有十分重要的意义。在解放思想中统一思想，确保我们不迷失方向、不犯颠覆性错误，更好用党的创新理论成果观察时代、把握时代、引领时代，研究新情况，获得新认识，解决新问题，取得新突破，进而实现更深层次的思想解放。"第二个结合"激励我们坚持走自己的路，立足中华民族伟大历史实践和当代实践，用中国道理总结好中国经验，把中国经验提升为中国理论，实现精神上的独立自主。

在解放思想中彰显文明担当。习近平主席在中国共产党与世界政党高层对话会上指出："面对现代化进程中遇到的各种新问题新情况新挑战，政党要敢于担当、勇于作为，冲破思想观念束缚，破除体制机制弊端，探索优化方法路径，不断实现理论和实践上的创新突破，为现代化进程注入源源不断的强大活力。"中国共产党是具有高度思想解放自觉和坚定创新创造自信的马克思主义政党，同时是具有深厚天下情怀和自觉文明担当的马克思主义政党，既坚守中华文化立场，又深刻洞察人类发展进步潮流，运用马克思主义世界观和方法论，不断为解决人类面临的共同问题贡献中国智慧、中国方案。我们党创造性提出推动构建人类命运共同体理念，提出全球文明倡议。倡导尊重世界文明多样性，以文明交流超越文明隔阂、文明互鉴超越文明冲突、文明包容超越文明优越，弘扬全人类共同价值，重视文明传承和创新，充分挖掘各国历史文化的时代价值，加强国际人文交流合作，促进各国人民相知相亲，共同推动人类文明发展进步。特别是，我们党创造性提出中国式现代化理论，不断推进和拓展中国式现代化，实现了对西方现代化模式的超越。中国式现代化，深深植根于中华优秀传统文化，体现科学社会主义的先进本质，借鉴吸收一切人类优秀文明成果，代表人类文明进步的发展方向，展现了不同于西方现代化模式的新图景，是一种全新的人类文明形态。中国共产党人把马克思主义基本原理同中国具体实际、同中华优秀传统文化相结合，更好构筑中国精神、中国价值、中国力量，为中国式现代化提供了中华文明的丰厚滋养、价值源泉和不竭动力。通过"第二个结合"，中国式现代化赋予中华文明以现代力量，中华文明赋予中国式现代化以深厚底蕴。我们要在五千多年中华文明深厚基础上坚持和发展新时代中国特色社会主义，继续把马克思主义基本原理同中国具体实际、同中华优秀传统文化相结合，以守正创新的正气和锐气，赓续历史文脉、谱写当代华章，为人类文明进步作出中国共产党人的更大贡献。

《人民日报》2023 年 7 月 10 日第 9 版

05

在更广阔的文化空间中推进理论和制度创新

张　浩

习近平总书记在文化传承发展座谈会上强调："我们的社会主义为什么不一样？为什么能够生机勃勃、充满活力？关键就在于中国特色。中国特色的关键就在于'两个结合'。"中华优秀传统文化为我们探索面向未来的理论和制度创新开拓了更广阔的文化空间，我们党在传承和发展中华优秀传统文化中推进理论和制度创新的自觉性也达到了新高度。

从哲学角度看，文化空间是拥有集体记忆的文化主体进行文化实践与交往的场域。任何理论和制度创新都需要在一定的文化空间中进行。"一方水土养一方人"，一定的文化空间为理论和制度创新提供文化土壤和精神滋养，不同的文化空间产生不同的理论形态和制度形式。同样，如果离开了人对理论、制度等的创造性活动，文化空间也就失去了生机和活力。只有与人对理论、制度的创造性活动联系在一起的文化空间，才是不断发展创新、繁荣广阔的文化空间。

求木之长者，必固其根本；欲流之远者，必浚其泉源。中华文明具有突出的创新性，从根本上决定了中华民族守正不守旧、尊古不复古的进取精神，决定了中华民族不惧新挑战、勇于接受新事物的无畏品格。中华优秀传统文化源远流长，博大精深，是中华文明的智慧结晶。其中蕴含的天下为公、民为邦本、为政以德、革故鼎新、任人唯贤、天人合一、自强不息、厚德载物、讲信修睦、亲仁善邻等，是中国人民在长期生产生活中积累的宇宙观、天下观、社会观、道德观的重要体现，同科学社会主义价值观主张具有高度契合性，是我们建设中华民族现代文明需要充分挖掘的宝贵精神财富，是我们党推进理论和制度创新可以充分运用的宝贵思想资源。

习近平总书记指出："我们党开创的人民代表大会制度、政治协商制度，与中华文明的民本思想，天下共治理念，'共和'、'商量'的施政传统，'兼容并包、求同存异'的政治智慧都有深刻关联。我们没有搞联邦制、邦联制，确立了单一制国家形式，实行民族区域自治制度，就是顺应向内凝聚、多元一体的中华民族发展大趋势，承继九州共贯、六合同风、四海一家的中国文化大一统传统。"马克思主义和中华优秀传统文化的彼此契合与相互融合，让面向未来的理论和制度创新接通了历史文化根脉，获得了不竭的思想文化资源。

进入新时代，我们党在推进马克思主义基本原理同中华优秀传统文化相结合中，以马克思主义真理的力量激活了中华民族历经几千年创造的伟大文明，以一系列新思想新观点新论断激活了中华优秀传统文化，为理论和制度创新提供了丰富滋养，涵养了更基础、更广泛、更深厚的文化自信。例如，秉持"凡将立国，制度不可不察也"的清醒，绘就中国特色社会主义的制度图谱，筑牢长治久安的制度根基；传承"天人合一、道法自然"的理念，把生态文明建设摆在突出位置，使生态环境保护发生历史性、转折性、全局性变化；吸收中华文化讲信修睦、协和万邦理念，提出构建人类命运共同体理念，提出全球发展倡议、全球安全倡议、全球文明倡议；等等。新故相因、一脉相承，中华优秀传统文化已融入当代中国理论和制度创新的方方面面，焕发出勃勃生机。

在五千多年中华文明深厚基础上开辟和发展中国特色社会主义，把马克思主义基本原理同中国具体实际、同中华优秀传统文化相结合是必由之路。把马克思主义基本原理同中华优秀传统文化相结合，为马克思主义科学理论赋予鲜明的中国特色，为中华优秀传统文化赋予崭新的时代内涵，有力推进马克思主义中国化时代化，是又一次的思想解放。"第二个结合"打开了创新空间，让我们掌握了思想和文化主动，并有力地作用于道路、理论和制度。

在新的起点上继续推动文化繁荣、建设文化强国、建设中华民族现代文明，必须深入推进"第二个结合"，以更高远的历史站位、更宽广的世界视野、更深邃的战略眼光、更主动的精神力量，充分运用中华优秀传统文化的宝贵资源，拓展更为广阔的文化空间，不断探索面向未来的理论和制度创新。

坚持创造性转化、创新性发展。习近平总书记指出："要坚持为人民服务、为社会主义服务，坚持百花齐放、百家争鸣，坚持创造性转化、创新性发展，不断铸就中华文化新辉煌。"我们要坚持以中国化时代化的马克思主义为指导，科学认识和把握中华优秀传统文化，坚持古为今用、推陈出新，有鉴别地加以对待，有扬弃地予以继承，使中华民族优秀传统文化基因与当代文化元素相适应、与现代社会发展相协调、与现实文化相融通，在守正创新中更好构筑中国精神、中国价值、中国力量。使中华优秀传统文化更充分地对接当代中国，不断拓展转化发展的路径，激活其生命力，把跨越时空、超越国度、富有永恒魅力、具有当代价值的文化精神弘扬起来，多形式多维度地发挥中华优秀传统文化的重要作用，使中华优秀传统文化成为理论和制度创新的源头活水。

更好把握思想主动和文化主动。马克思主义基本原理同中华优秀传统文化相结合，造就了一个有机统一的新的文化生命体，让马克思主义成为中国的，中华优秀传统文化成为现代的，让我们能够更好把握思想主动和文化主动，把理论和制度创新植根于本国、本民族的历史文化沃土之中。当前，要充分运用中华优秀传统文化的宝贵资源，深入挖掘中华五千多年文明的精髓，坚持以马克思主义的立场观点方法来传承和发展，厚植理论和制度创新的历史根基、文化血脉，不断丰富和完善彰显文化自信、饱含历史自觉、赓续中华文脉的理论和制度，并使其具有强大的历史穿透力、文化感染力和精神感召力。更加自觉地坚持和体现中华民族的文化主体性，更加深入地推进"第二个结合"，从而不断赋予理论和制度创新以鲜明的中华文化特色。

《人民日报》2023 年 7 月 10 日第 9 版

06

深入学习领会习近平总书记关于文化建设的新思想新观点新论断

汪亭友

党的十八大以来，以习近平同志为核心的党中央在领导党和人民推进治国理政的实践中，把文化建设摆在全局工作的重要位置，不断深化对文化建设的规律性认识，提出一系列新思想新观点新论断，推动我国文化建设在正本清源、守正创新中取得历史性成就、发生历史性变革，为新时代坚持和发展中国特色社会主义、开创党和国家事业发展新局面提供了强大正能量。习近平总书记在文化传承发展座谈会上指出："在新的起点上继续推动文化繁荣、建设文化强国、建设中华民族现代文明，是我们在新时代新的文化使命。"担负起新的文化使命、建设中华民族现代文明，必须深入学习领会习近平总书记关于文化建设的新思想新观点新论断，将其贯彻落实到文化建设全过程各方面。其中，尤其要深入把握好以下几个重要方面。

坚持"两个结合"，巩固文化主体性

习近平总书记指出："在五千多年中华文明深厚基础上开辟和发展中国特色社会主义，把马克思主义基本原理同中国具体实际、同中华优秀传统文化相结合是必由之路。这是我们在探索中国特色社会主义道路中得出的规律性的认识。""坚持把马克思主义基本原理同中国具体实际相结合、同中华优秀传统文化相结合"，是习近平总书记在庆祝中国共产党成立100周年大会上提出的重大论断。在文化传承发展座谈会上，习近平总书记从五个方面深刻阐释了马克思主义基本原理同中华优秀传统文化相结合的重大意义、重要内涵，强调"'第二个结合'是又一次的思想解放，让我们能够在更广阔的文化空间中，充分运用中华优秀传统文化的宝贵资源，探索面向未来的理论和制度创新"。"第二个结合"是我们党对马克思主义中国化时代化历史经验的深刻总结，是对中华文明发展规律的深刻把握，表明我们党对中国道路、理论、制度的认识达到了新高度，表明我们党的历史自信、文化自信达到了新高度，表明我们党在传承中华优秀传统文化中推进文化创新的自觉性达到了新高度。

党的十八大以来，我们党坚持以马克思主义为指导，坚持解放思想、实事求是、与时俱进、求真务实，不断科学回答中国之问、世界之问、人民之问、时代之问，作出符合中国实际和时代要求的正确回答，得出符合客观规律的科学认识，形成与时俱进的理论成

果，更好指导中国实践；我们党坚持古为今用、推陈出新，坚持守正不守旧、尊古不复古，把马克思主义思想精髓同中华优秀传统文化精华贯通起来、同人民群众日用而不觉的共同价值观念融通起来，以中国式现代化赋予中华文明现代力量，以中华文明赋予中国式现代化深厚底蕴，推动中华优秀传统文化创造性转化、创新性发展取得一系列重大成果和重要经验，中华优秀传统文化、中华民族现代文明以前所未有的崭新姿态呈现在世人面前。"两个结合"巩固了中华民族的文化主体性，创立习近平新时代中国特色社会主义思想，就是这一文化主体性的最有力体现。

坚定文化自信，增强中华民族伟大复兴的精神力量

我们党历来重视文化建设对于实现中华民族伟大复兴的战略意义。党的十八大以来，习近平总书记立足世界百年未有之大变局和中华民族伟大复兴战略全局，科学阐释了文化的本质，提出文化自信"是更基础、更广泛、更深厚的自信"，深刻论述了中国特色社会主义文化的精髓及其对实现中华民族伟大复兴的意义，指明了新时代文化建设新的历史方位、新的文化使命。

习近平总书记指出："文化是一个国家、一个民族的灵魂""坚定中国特色社会主义道路自信、理论自信、制度自信，说到底是要坚定文化自信""中国特色社会主义文化积淀着中华民族最深层的精神追求，代表着中华民族独特的精神标识，是中国人民胜利前行的强大精神力量""没有中华文化繁荣兴盛，就没有中华民族伟大复兴"。习近平总书记的重要论述，丰富了中国特色社会主义文化发展

理念，拓展了中国特色社会主义文化发展道路，深化了对中国特色社会主义文化建设规律的认识，是我们党强烈文化担当和高度文化自信的集中体现。

坚持马克思主义在意识形态领域指导地位的根本制度，巩固全党全国人民团结奋斗的共同思想基础

马克思主义是我们立党立国、兴党兴国的根本指导思想，是我们党的灵魂和旗帜。习近平总书记指出："马克思主义就是我们党和人民事业不断发展的参天大树之根本，就是我们党和人民不断奋进的万里长河之泉源""在坚持以马克思主义为指导这一根本问题上，我们必须坚定不移，任何时候任何情况下都不能动摇"。历史和实践表明，坚持马克思主义在意识形态领域指导地位的根本制度，是中国特色社会主义制度的重要支撑，是坚持和加强党的全面领导的本质要求，是发展社会主义先进文化的有力保障。

制度建设具有全局性、稳定性、长期性。确保马克思主义指导地位体现在党和国家各项事业中，发挥马克思主义对社会意识形态的引领作用，需要有力的制度支撑和可靠的制度保障。党的十九届四中全会审议通过的《中共中央关于坚持和完善中国特色社会主义制度、推进国家治理体系和治理能力现代化若干重大问题的决定》，强调坚持马克思主义在意识形态领域指导地位的根本制度，并作出一系列重大部署，明确提出健全用党的创新理论武装全党、教育人民工作体系，完善党委（党组）理论学习中心组等各层级学习制度，建立全员、全程、全方位育人体制机制，落实意识形态工作责任制。

这对于建设具有强大凝聚力和引领力的社会主义意识形态、巩固全党全国人民团结奋斗的共同思想基础具有重大意义。

坚持和加强党对意识形态工作的全面领导，牢牢掌握意识形态工作领导权、管理权、话语权

意识形态工作是文化建设的重要方面，能否做好意识形态工作，关系党的前途命运、国家长治久安、民族凝聚力和向心力。党的十八大以来，习近平总书记把意识形态工作放在战略全局的高度，强调"意识形态工作是为国家立心、为民族立魂的工作"，提出一系列新思想新观点新论断，作出一系列重大部署，针对存在的突出问题，从多方面发力，采取多种方法，有力扭转了意识形态领域一度出现的被动局面。

习近平总书记要求全党充分认识意识形态斗争的复杂性、长期性，增强阵地意识，加强阵地建设，牢牢掌握意识形态工作领导权、管理权、话语权。习近平总书记深刻指出："宣传思想阵地，我们不去占领，人家就会去占领。"习近平总书记强调："所有宣传思想部门和单位，所有宣传思想战线上的党员、干部都要旗帜鲜明坚持党性原则""坚持党性，核心就是坚持正确政治方向，站稳政治立场，坚定宣传党的理论和路线方针政策，坚定宣传中央重大工作部署，坚定宣传中央关于形势的重大分析判断，坚决同党中央保持高度一致，坚决维护中央权威""宣传思想战线的同志要当战士、不当绅士，不做'骑墙派'和'看风派'，不能搞爱惜羽毛那一套。宣传思想战线的同志要履行好自己的神圣职责和光荣使命，以战斗的姿态、

战士的担当，积极投身宣传思想领域斗争一线"。新时代十年，在以习近平同志为核心的党中央坚强领导下，我国意识形态领域形势发生全局性、根本性转变，全党全国各族人民文化自信明显增强，全社会凝聚力和向心力极大提升，为新时代开创党和国家事业新局面提供了坚强思想保证和强大精神力量。

培育和践行社会主义核心价值观，提高全民族思想道德水平

习近平总书记指出："对一个民族、一个国家来说，最持久、最深层的力量是全社会共同认可的核心价值观。核心价值观，承载着一个民族、一个国家的精神追求，体现着一个社会评判是非曲直的价值标准""培育和弘扬核心价值观，有效整合社会意识，是社会系统得以正常运转、社会秩序得以有效维护的重要途径，也是国家治理体系和治理能力的重要方面""历史和现实都表明，核心价值观是一个国家的重要稳定器，能否构建具有强大感召力的核心价值观，关系社会和谐稳定，关系国家长治久安"。坚定文化自信、弘扬中国精神、彰显中国价值、凝聚中国力量，都必须大力培育和践行社会主义核心价值观，把培育和弘扬社会主义核心价值观作为凝魂聚气、强基固本的基础工程来抓，不断夯实中国特色社会主义思想道德基础，提高全民族思想道德水平。

习近平总书记指出："中华文明绵延数千年，有其独特的价值体系""我们提倡和弘扬社会主义核心价值观，必须从中汲取丰富营养，否则就不会有生命力和影响力"。这深刻启示我们，培育和弘

扬社会主义核心价值观必须立足中华优秀传统文化。牢固的核心价值观,有其固有的根本。抛弃传统、丢掉根本,就等于割断了自己的精神命脉。新时代新征程,努力建设中华民族现代文明,要培育和践行社会主义核心价值观,认真吸收中华优秀传统文化的思想精华和道德精髓,深入挖掘和阐发中华优秀传统文化讲仁爱、重民本、守诚信、崇正义、尚和合、求大同的时代价值,并结合新的时代条件加以继承和发扬,使之成为涵养社会主义核心价值观的重要源泉。

《人民日报》2023 年 7 月 20 日第 9 版

07

"结合"的前提是彼此契合

杨朝明

习近平总书记在文化传承发展座谈会上指出："'结合'的前提是彼此契合。'结合'不是硬凑在一起的。马克思主义和中华优秀传统文化来源不同，但彼此存在高度的契合性""相互契合才能有机结合"。马克思主义传入中国后，科学社会主义的主张受到中国人民热烈欢迎，并最终扎根中国大地、开花结果，决不是偶然的，而是同我国传承了几千年的优秀历史文化和广大人民日用而不觉的价值观念融通的。这种契合具有深厚的历史基础、文化基础、伦理基础。例如，民为邦本与人民是历史的创造者、天下大同与人的自由而全面的发展、知行合一与马克思主义实践观等，都有着高度的契合性。中国共产党作为马克思主义的坚定信仰者和实践者，作为中华优秀传统文化的忠实传承者和弘扬者，深刻认识和把握这种契合性，在将马克思主义基本原理同中国具体实际相结合的同时，不断推进马克思主义基本原理同中华优秀传统文化相结合，既赋予马克思主义以鲜明中国特色，又用马克思主义真理力量激发中华优秀传统文化的生机与活力。

习近平总书记强调，要"去挖掘、去结合中华优秀传统文化，真正实现马克思主义中国化时代化"。以习近平同志为核心的党中央坚持马克思主义在意识形态领域指导地位的根本制度，坚守中华文化立场、传承中华文化基因，在守正创新中构筑中华文化新气象、激扬中华文明新活力，为新时代坚持和发展中国特色社会主义、开创党和国家事业新局面提供强大精神文化力量。从民为贵到以人民为中心，从革故鼎新到守正创新，从万物并育到人与自然和谐共生，从协和万邦到推动构建人类命运共同体，等等，中华优秀传统文化在党治国理政中得到充分运用。习近平新时代中国特色社会主义思想既立足于现实的中国，又植根于历史的中国，把马克思主义的思想精髓与中华优秀传统文化的精神特质融会贯通起来，是马克思主义基本原理同中华优秀传统文化相结合的光辉典范，是中华文化和中国精神的时代精华。

习近平总书记指出："'第二个结合'是又一次的思想解放"。这表明我们党的历史自信、文化自信达到了新高度。我们不仅能够学习借鉴人类一切优秀文明成果，而且为自己的诸子百家、汉唐气象、礼乐典章而骄傲，更加主动地从中汲取智慧和力量。这也表明我们党在传承中华优秀传统文化中推进文化创新的自觉性达到了新高度。我们对马克思主义和中华优秀传统文化的高度契合性有了更深刻的理解和把握，在理论创新和制度创新中更加主动地推进两者结合。

中华优秀传统文化是我们党创新理论的"根"，"两个结合"是推进马克思主义中国化时代化的根本途径。只有植根本国、本民族历史文化沃土，马克思主义真理之树才能根深叶茂。习近平总书记强调："在五千多年中华文明深厚基础上开辟和发展中国特色社会主义，把马克思主义基本原理同中国具体实际、同中华优秀传统文化相结合是必由之路。"新时代新征程，我们要认真学习领会、深入理解把握、坚决贯彻落实习近平总书记在文化传承发展座谈会上的重要讲话精神，坚持守正创新，在继续推进"两个结合"的历史进程中更好担负起新的文化使命，为建设社会主义文化强国、建设中华民族现代文明作出新的更大贡献。

《人民日报》2023 年 7 月 26 日第 9 版

08

"结合"的结果是互相成就

李宗桂

2023年7月6日上午，习近平总书记来到苏州平江历史文化街区考察，指出："苏州在传统与现代的结合上做得很好，不仅有历史文化传承，而且有高科技创新和高质量发展，代表未来的发展方向。"传统与现代的结合是一篇大文章，文明发展如此，理论创新也是如此。

在文化传承发展座谈会上，习近平总书记深入阐释"两个结合"的重大意义，指出："'结合'的结果是互相成就""'第二个结合'让马克思主义成为中国的，中华优秀传统文化成为现代的，让经由'结合'而形成的新文化成为中国式现代化的文化形态"。

能够互相成就的两个主体，往往具有相通的价值观念、目标追求、思维方式等。马克思主义和中华优秀传统文化产生于不同历史背景，但存在内在的高度契合性。中国共产党人深刻认识和把握这种契合性，在中国革命、建设、改革的伟大实践中，将马克思主义基本原理同中华优秀传统文化相结合，产生了丰硕成果。中华优秀传统文化赋予马克思主义更多中国特色、中国风格、中国气派，让马克思主义成为中国的。马克思主义在中国大地根深叶茂，为中国人民所认同、所接受，展现出更强大、更有说服力的真理力量。

习近平新时代中国特色社会主义思想坚持"两个结合"，科学回答新时代坚持和发展什么样的中国特色社会主义、怎样坚持和发展中国特色社会主义等重大时代课题，提出一系列原创性的治国理政新理念新思想新战略，赋予马克思主义鲜明的实践特色、民族特色、时代特色。例如，提出坚持以人民为中心的发展思想，传承民本理念，发展了唯物史观；提出人与自然和谐共生，传承天人合一理念，发展了马克思主义的自然观；提出推动构建人类命运共同体，传承四海一家、天下大同理念，发展了马克思主义世界历史理论……习近平新时代中国特色社会主义思想的创立，实现了马克思主义中国化时代化新的飞跃。

在习近平新时代中国特色社会主义思想科学指引下，我们推动中华优秀传统文化创造性转化、创新性发展，中华五千多年文明展现出蓬勃生机、焕发出巨大活力。历史博物馆人头攒动，诗词大会被年轻人追捧，非遗产品网上热销……中华大地历史文脉绵延、传统现代交汇、文化自信昂扬，中华优秀传统文化焕发现代光彩。

马克思主义基本原理同中华优秀传统文化的结合，不是拼盘，不是简单的物理反应，而是深刻的化学反应。这个化学反应造就了一个有机统一的新的文化生命体，让经由"结合"而形成的新文化成为中国式现代化的文化形态。这一文化形态深深植根于中华优秀传统文化，体现科学社会主义的先进本质，借鉴吸收一切人类优秀文明成果，代表人类文明进步的发展方向，展现了不同于西方现代化模式的新图景。

习近平总书记强调，以马克思主义为指导对中华五千多年文明宝库进行全面挖掘，用马克思主义激活中华优秀传统文化中富有生命力的优秀因子并赋予新的时代内涵，将中华民族的伟大精神和丰富智慧更深层次地注入马克思主义，有效把马克思主义思想精髓同中华优秀传统文化精华贯通起来。我们要坚持以习近平新时代中国特色社会主义思想为指导，深入推进"第二个结合"，让马克思主义同中华优秀传统文化的互相成就结出更多硕果，不断谱写马克思主义中国化时代化新篇章，铸就社会主义文化新辉煌。

《人民日报》2023 年 7 月 27 日第 9 版

09

"结合"筑牢了道路根基

韩喜平

在五千多年中华文明深厚基础上开辟和发展中国特色社会主义，"两个结合"是必由之路。习近平总书记在文化传承发展座谈会上强调："'结合'筑牢了道路根基""'第二个结合'让中国特色社会主义道路有了更加宏阔深远的历史纵深，拓展了中国特色社会主义道路的文化根基"。中国特色社会主义道路，是在马克思主义指导下走出来的，也是从五千多年中华文明史中走出来的。扎根广袤中华大地，吸吮中华文明的文化养分，中国特色社会主义道路积淀丰富、底蕴厚重，生机勃勃、充满活力。

中国在人类发展史上曾经长期处于领先地位，我们的文化、制度等为周边国家所长期学习和模仿。但近代以后，中国成为半殖民地半封建社会，实现中华民族伟大复兴成为中国人民最伟大的梦想。

经过反复比较、反复推求，中华民族的先进分子选择了马克思主义、社会主义。中国共产党坚定信仰并践行马克思主义，同时清醒认识到"今天的中国是历史的中国的一个发展""马克思列宁主义的伟大力量，就在于它是和各个国家具体的革命实践相联系的"。我们党坚持科学社会主义的基本原则，又从博大精深的中华文明中汲取养分，赋予其鲜明的中国特色，团结带领中国人民经过不懈探索和努力，开辟了中国特色社会主义道路，开创了中华民族伟大复兴无比光明的前景。五千多年薪火相传、生生不息的中华文明，赋予中国共产党和中国人民百折不挠的坚韧和顽强，为中华民族克服深重危机、重新屹立于世界东方提供了强大精神支持、文化支撑。

习近平总书记强调："如果没有中华五千年文明，哪里有什么中国特色？如果不是中国特色，哪有我们今天这么成功的中国特色社会主义道路？"中国特色社会主义道路的每一步发展，都是基于中国国情和中华文化的实践探索。新时代以来，习近平总书记坚持"两个结合"，不断深化对中国特色社会主义的认识，提出了许多重大论断。汲取"六合同风，九州共贯"的传统理念，强调"中国特色社会主义最本质的特征是中国共产党领导，中国特色社会主义制度的最大优势是中国共产党领导"，系统完善党的领导制度体系，使我们党更加团结统一；汲取民为邦本、政在养民的民本思想，提出"江山就是人民，人民就是江山"，坚持以人民为中心的发展思想，让人民有更多、更直接、更实在的获得感、幸福感、安全感；汲取兼容并包、求同存异的政治智慧，提出"有事好商量，众人的事情由众人商量，是人民民主的真谛"，把发展选举民主和发展协商民主有机结合起来，形成共同致力于民族复兴的强大力量……坚持马克思主义的根本指导思想，把中华优秀传统文化融汇于治国理政的方方面面，进一步拓展了中国特色社会主义道路的文化根基。

我们坚持和发展中国特色社会主义，推动物质文明、政治文明、精神文明、社会文明、生态文明协调发展，创造了中国式现代化新道路，创造了人类文明新形态。习近平总书记强调："中国式现代化赋予中华文明以现代力量，中华文明赋予中国式现代化以深厚底蕴。"中国式现代化是基于中华民族独特文化传统、历史命运的必然选择，是中国共产党汲取中华文明滋养不断探索现代化道路的结果。中国式现代化既赓续古老文明，又更新古老文明，展现了不同于西方现代化模式的新图景。中国式现代化的成功推进和拓展，赋予中华文明新的时代内涵、新的生机和活力，必将推动中华文明重焕荣光。

《人民日报》2023 年 8 月 1 日第 9 版

10

"结合"打开了创新空间

臧峰宇

习近平总书记在文化传承发展座谈会上指出："'结合'打开了创新空间""'第二个结合'让我们掌握了思想和文化主动，并有力地作用于道路、理论和制度"。马克思主义是我们立党立国、兴党兴国的根本指导思想，源远流长、博大精深的中华优秀传统文化是中华文明的智慧结晶。马克思主义和中华优秀传统文化相互契合、有机结合，造就了一个有机统一的新的文化生命体。这本身就是一个重大创新，同时开拓了理论创新和实践创新的宽广场域。

不忘历史才能开辟未来，善于继承才能善于创新。理论、制度等总是在借鉴吸收前人已有成果基础上不断向前发展的。以历史连续性理解古代中国、现代中国和未来中国，我们方能贯通历史、现在和未来，深刻认识到当代中国是历史中国的延续和发展。同时，任何有生命力的传统文化基因都会在时代发展中实现自我更新，彰显时代精神。将中华优秀传统文化中治国理政、修身处世、格物究理等丰富智慧和理念，注入今天我们正在经历的广泛深刻的社会变革之中，理论创新和实践创新就有了更深厚的根基，就会得到人民的拥护和支持。

文化体现的是深层次的精神追求和坚守。坚定文化自信，是事关民族精神独立性的大问题。我们党坚定历史自信、文化自信，坚持古为今用、推陈出新，坚持把马克思主义思想精髓同中华优秀传统文化精华贯通起来、同人民群众日用而不觉的共同价值观念融通起来，不断夯实马克思主义中国化时代化的历史基础和群众基础，使植根于中国历史文化沃土的马克思主义真理之树根深叶茂。这既使马克思主义彰显中国价值、中国智慧和中国精神，使其每一表现中都带有中国的特性；又推动中华优秀传统文化创造性转化、创新性发展，使中华民族最基本的文化基因与当代文化相适应、与现代社会相协调。推进"第二个结合"，巩固了中华民族的精神独立性、文化主体性，让我们掌握思想和文化主动，具有高度文化自信，为我们在世界文化激荡中站稳脚跟打下坚实根基。

中国特色社会主义道路、理论和制度，是我们党在不断推进"两个结合"中开创和发展的，"结合"有力地作用于道路、理论和制度。"结合"筑牢了道路根基，使中国特色社会主义道路成为科学社会主义理论逻辑和中国社会发展历史逻辑的辩证统一，拓展了中国道路的文化根基。"结合"为我们党推进理论创新提供了根本途径，是中国化时代化马克思主义理论之树常青的奥妙所在。在推进

"两个结合"中，党的理论创新之源更丰富，理论创新之力更强劲。"结合"也为中国特色社会主义制度和国家治理体系的构建与完善奠定深厚基础。习近平总书记指出："我们没有搞联邦制、邦联制，确立了单一制国家形式，实行民族区域自治制度，就是顺应向内凝聚、多元一体的中华民族发展大趋势，承继九州共贯、六合同风、四海一家的中国文化大一统传统。"可以说，"中国之制"深得人民拥护、切实有效管用，植根中国大地、具有深厚中华文化根基是其中的关键密码。

习近平总书记指出："'第二个结合'是又一次的思想解放，让我们能够在更广阔的文化空间中，充分运用中华优秀传统文化的宝贵资源，探索面向未来的理论和制度创新。"历史表明，每一次思想解放都会释放出巨大创造力，都能有力推动社会发展和文明进步。我们要坚定历史自信、文化自信，充分激活并有效运用中华优秀传统文化中蕴含的宝贵而丰富的中国价值、中国智慧和中国精神，更好推动中华优秀传统文化创造性转化、创新性发展，为理论和制度创新增添更多底气和智慧。

《人民日报》2023 年 8 月 3 日第 9 版

11

"结合"巩固了文化主体性

吴付来

习近平总书记在文化传承发展座谈会上深刻阐述了"两个结合"特别是"第二个结合"的重大意义，强调"'结合'巩固了文化主体性""创立新时代中国特色社会主义思想就是这一文化主体性的最有力体现"。深入学习领会习近平总书记的重要论述，对于我们在新的历史起点上继续推动文化繁荣、建设文化强国、建设中华民族现代文明具有重要意义。

中国共产党是推进"两个结合"、巩固文化主体性的领导力量

习近平总书记指出："中国最大的国情就是中国共产党的领导。什么是中国特色？这就是中国特色。中国共产党领导的制度是我们

自己的，不是从哪里克隆来的，也不是亦步亦趋效仿别人的。无论我们吸收了什么有益的东西，最后都要本土化。"习近平总书记的重要论述，深刻阐明了中国共产党的领导是中国发展的根本保证，为我们正确认识党在领导文化事业、坚持和巩固文化主体性方面的重要作用提供了根本遵循。

中国共产党是中国工人阶级的先锋队，同时是中国人民和中华民族的先锋队，是中国特色社会主义事业的领导核心。中国共产党是用马克思主义科学理论武装起来的先进政党，也是充分吸取中华优秀传统文化精华的先进政党，因而能够团结带领人民从根本上改变中华民族和中国人民的前途命运，深刻影响世界历史进程，成为实现中华民族伟大复兴坚强可靠的领导力量。没有中国共产党，就没有新中国；没有中国共产党领导，就没有中国式现代化和中华民族伟大复兴的光明前景。这已为历史和现实所雄辩证明。

中国共产党是不断推进"两个结合"、巩固文化主体性的领导力量。文化主体性，是中国共产党领导人民在文化活动中体现出的主动性、能动性、创造性，集中体现为对中华优秀传统文化、革命文化和社会主义先进文化的自觉、自信和自为。党领导人民推进"两个结合"的历史进程，也是不断巩固文化主体性的文明发展历程。中国特色社会主义进入新时代，我们党对马克思主义中国化时代化历史经验的认识更加深刻，对中华文明发展规律的认识更加深刻。习近平总书记深刻阐明了把马克思主义基本原理同中华优秀传统文化相结合的内在逻辑："坚持和发展马克思主义，必须同中华优秀传统文化相结合。只有植根本国、本民族历史文化沃土，马克思主义真理之树才能根深叶茂。中华优秀传统文化源远流长、博大精深，是中华文明的智慧结晶，其中蕴含的天下为公、民为邦本、为政以德、革故鼎新、任人唯贤、天人合一、自强不息、厚德载物、讲信修睦、亲仁善邻等，是中国人民在长期生产生活中积累的宇宙观、天下观、社会观、道德观的重要体现，同科学社会主义价值观主张具有高度契合性。"马克思主义基本原理同中华优秀传统文化既有结合的必要性，又有结合的可能性，因而能够在"两个结合"的历史进程中不断巩固我们的文化主体性。

"第二个结合"表明我们党对中国道路、理论、制度的认识达到了新高度

习近平总书记强调："在五千多年中华文明深厚基础上开辟和发展中国特色社会主义，把马克思主义基本原理同中国具体实际、同中华优秀传统文化相结合是必由之路。"这是我们在探索中国特色社会主义道路中得出的规律性的认识，是我们取得成功的最大法宝。中国特色社会主义是我们党在百年奋斗中取得的重大成就，中华优秀传统文化有机融合在中国特色社会主义之中，具有十分重要的地位和不可替代的价值。

中国道路、理论、制度和文化相互联系、相互依赖，各有侧重又有机统一。中国道路就是中国特色社会主义道路，是在中国共产党领导下，立足基本国情，以经济建设为中心，坚持四项基本原则，坚持改革开放，解放和发展社会生产力，建设社会主义市场经济、社会主义民主政治、社会主义先进文化、社会主义和谐社会、社会

主义生态文明，促进人的全面发展，逐步实现全体人民共同富裕，建设富强民主文明和谐美丽的社会主义现代化国家。中国道路是牢牢立足我国基本国情的强国富民之路，深刻蕴含着中国独特的历史和中华优秀传统文化精华。中国理论是指导党和人民沿着中国特色社会主义道路实现中华民族伟大复兴的正确理论，是中国化时代化的马克思主义。中国理论是致力于解决中国问题的科学理论，体现科学社会主义基本原则、价值观主张等与中华优秀传统文化哲学理念、价值观念等的有机统一。中国制度是包括中国特色社会主义根本制度、基本制度、重要制度等在内的一整套制度体系，是当代中国发展进步的根本制度保障。中国制度既坚持社会主义的根本性质，又借鉴中华优秀传统文化中治国理政的有益成果，具有鲜明中国特色，表现出在继承基础上综合创新的鲜明特点，是具有明显制度优势、强大自我完善能力的先进制度。中国文化就是中国特色社会主义文化，源自于中华民族五千多年文明历史所孕育的中华优秀传统文化，熔铸于党领导人民在革命、建设、改革中创造的革命文化和社会主义先进文化，植根于中国特色社会主义伟大实践，积淀着中华民族最深层的精神追求，代表着中华民族独特的精神标识，是激励全党全国各族人民奋勇前进的强大精神力量。

中国道路、理论、制度、文化，充分吸收中华优秀传统文化的有益成分，体现了科学社会主义基本原则、中华优秀传统文化精华、人类文明优秀成果的有机统一，既有鲜明的科学性，又有鲜明的中国特色，彰显高度的文化主体性。

"第二个结合"表明我们党的历史自信、文化自信达到了新高度

习近平总书记指出："当今世界，要说哪个政党、哪个国家、哪个民族能够自信的话，那中国共产党、中华人民共和国、中华民族是最有理由自信的。"中国共产党在推进"两个结合"的历史进程中不断发展壮大，政治领导力、思想引领力、群众组织力、社会号召力不断增强，带领人民取得了举世瞩目的伟大成就。一是从根本上改变了中国人民的前途命运，使人民成为国家、社会和自己命运的主人，精神上自信、自立、自强，极大增强了志气、骨气、底气，焕发出前所未有的历史主动精神、历史创造精神。二是成功开辟了实现中华民族伟大复兴的正确道路，中华民族巍然屹立于世界东方，向世界展现出一派欣欣向荣的气象。三是展示了马克思主义的强大生命力，使世界范围内社会主义和资本主义两种意识形态、两种社会制度的历史演进及其较量发生了有利于社会主义的重大转变。四是深刻影响了世界历史进程，为解决人类重大问题、建设一个美好世界贡献了中国智慧、中国方案、中国力量，成为推动人类发展进步的重要力量。五是锻造了走在时代前列的中国共产党，保持了党的先进性和纯洁性，为顺利实现中国式现代化、实现中华民族伟大复兴提供了根本保证。百年奋斗取得的重大成就特别是新时代十年的伟大变革，铸就了我们党坚定的历史自信，使我们在前进道路上对开辟新天地、创造新奇迹充满信心。

中国共产党领导人民百年奋斗的历程也是不断增强文化自信的过程。习近平总书记指出："中华民族生生不息绵延发展、饱受挫折又不断浴火重生，都离不开中华文化的有力支撑。中华文化独一无二的理念、智慧、气度、神韵，增添了中国人民和中华民族内心深处的自信和自豪。"文化自信是更基础、更广泛、更深厚的自信，是一个国家、一个民族发展中最基本、最深沉、最持久的力量，博大精深的中华优秀传统文化是文化自信的深厚基础。新时代，我们党对中华优秀传统文化地位作用的认识提升到一个新高度，全党全国各族人民文化自信明显增强、精神面貌更加奋发昂扬。新征程上，我们要推动中华优秀传统文化创造性转化、创新性发展，充分发挥其在建设中华民族现代文明、推进中华民族伟大复兴中的重要作用。

"第二个结合"表明我们党在传承中华优秀传统文化中推进文化创新的自觉性达到了新高度

党的十八大以来，习近平总书记从党和国家事业发展全局的战略高度，对中华优秀传统文化传承发展的一系列重大理论和现实问题作出深入系统阐述。"不忘历史才能开辟未来，善于继承才能善于创新。优秀传统文化是一个国家、一个民族传承和发展的根本，如果丢掉了，就割断了精神命脉。我们要善于把弘扬优秀传统文化和发展现实文化有机统一起来，紧密结合起来，在继承中发展，在发展中继承。"习近平总书记不仅深刻阐明了中华优秀传统文化的重要性，而且提出了新时代传承和发展中华优秀传统文化的方法论，为我们在新时代传承和发展中华优秀传统文化提供了根本遵循。

新时代，我们党不断深化对文化发展规律的认识，坚持中国特色社会主义文化发展道路。中国特色社会主义文化发展道路是推动社会主义文化繁荣兴盛的唯一正确道路，走好这一道路，必须坚持马克思主义在意识形态领域指导地位的根本制度，坚持为人民服务、为社会主义服务，坚持百花齐放、百家争鸣，坚持创造性转化、创新性发展，以社会主义核心价值观为引领，发展社会主义先进文化，弘扬革命文化，传承中华优秀传统文化，满足人民日益增长的精神文化需求，巩固全党全国各族人民团结奋斗的共同思想基础，不断提升国家文化软实力和中华文化影响力。从中国特色社会主义文化发展道路的具体内涵中，我们可以深刻认识到党在传承中华优秀传统文化中推进文化创新的自觉性、能动性和创造性。比如，通过创造性转化、创新性发展，使中华民族最基本的文化基因同当代中国相适应、同现代社会相协调、同现实文化相融通，把富有永恒魅力、具有当代价值的文化精神弘扬起来。又如，把培育和践行社会主义核心价值观作为凝魂聚气、强基固本的基础工程，结合传承和发展中华优秀传统文化，广泛开展社会主义核心价值观宣传教育，不断夯实中国特色社会主义的思想道德基础。中国特色社会主义文化发展道路的不断拓展，标志着我们党不仅在认识上，而且在传承中华优秀传统文化实践中，对推进文化创新的自觉性运到了新高度。

《人民日报》2023 年 8 月 10 日第 9 版

12

中国特色的关键就在于"两个结合"

杨子强

方向决定道路，道路决定命运。习近平总书记在文化传承发展座谈会上指出："我们的社会主义为什么不一样？为什么能够生机勃勃、充满活力？关键就在于中国特色。中国特色的关键就在于'两个结合'。"这一重要论断深刻揭示了"两个结合"的重大意义，彰显我们党的历史自信、文化自信，深化了我们党对坚持和发展中国特色社会主义的规律性认识，为新征程上不断推进马克思主义中国化时代化、建设中华民族现代文明提供了科学指引。

"两个结合"是开辟和发展中国特色社会主义的必由之路

江河万里总有源，树高千尺也有根。中国特色社会主义不是从天上掉下来的，是党和人民历尽千辛万苦、付出各种代价取得的根本成就。一个国家实行什么样的主义，关键要看这个主义能否解决这个国家面临的历史性课题。百余年前，在中华民族积贫积弱、任人宰割的时期，为了拯救民族危亡，中国人民奋起反抗，仁人志士奔走呐喊，各种主义和思潮都进行过尝试，但都没能解决中国的前途和命运问题。

十月革命一声炮响，给中国送来了马克思列宁主义。在中国人民和中华民族的伟大觉醒中，在马克思列宁主义同中国工人运动的紧密结合中，中国共产党应运而生。习近平总书记指出："共产党怎么能成功呢？当年在石库门，在南湖上那么一条船，那么十几个人，到今天这一步。这里面的道路一定要搞清楚，一定要把真理本土化。"翻开风雷激荡的百年史册，我们党历经一次次实践、一次次突破，把马克思主义基本原理同中国具体实际、同中华优秀传统文化相结合，不断推进马克思主义中国化时代化。历史和实践证明，马克思主义只有植根本国、本民族历史文化沃土，才能始终保持蓬勃生机和旺盛活力，指引我们开创、坚持、捍卫和发展中国特色社会主义。

中国特色社会主义进入新时代，习近平总书记鲜明提出"第二个结合"的重大论断。"第二个结合"是我们党对马克思主义中国化时代化历史经验的深刻总结，是对中华文明发展规律的深刻把握，表明我们党对中国道路、理论、制度的认识达到了新高度，表明我们党的历史自信、文化自信达到了新高度，表明我们党在传承中华优秀传统文化中推进文化创新的自觉性达到了新高度。

实践证明，在五千多年中华文明深厚基础上开辟和发展中国特色社会主义，把马克思主义基本原理同中国具体实际、同中华优秀传统文化相结合是必由之路。这是我们在探索中国特色社会主义道路中得出的规律性认识。正是经由"两个结合"不断推进"真理本土化"，马克思主义日益同我国传承了几千年的优秀历史文化和广大人民日用而不觉的价值观念相融通，在中国大地展现出更强大、更有说服力的真理力量，引领中国特色社会主义伟大事业不断开创新局面。

"两个结合"是我们取得成功的最大法宝

"如果没有中华五千年文明，哪里有什么中国特色？如果不是中国特色，哪有我们今天这么成功的中国特色社会主义道路？"中国特色社会主义道路是在马克思主义指导下走出来的，也是从五千多年中华文明史中走出来的。立足波澜壮阔的中华五千多年文明史，才能深刻理解"两个结合"何以成为我们取得成功的最大法宝。

"两个结合"赋予中国特色社会主义道路独特性。独特的文化传统，独特的历史命运，独特的基本国情，注定了中华民族必然要走适合自己特点的发展道路，这条道路就是中国特色社会主义道路。中国特色社会主义是科学社会主义理论逻辑和中国社会发展历史逻辑的辩证统一；同时，中华优秀传统文化与马克思主义的相互契合也为马克思主义在中国扎根提供了文化基础。"结合"的前提是彼此契合，相互契合才能有机结合。"结合"的结果是互相成就，通过深刻的化学反应，造就了一个有机统一的新的文化生命体。"结合"筑牢了道路根基。特别是"第二个结合"让中国特色社会主义道路有了更加宏阔深远的历史纵深，拓展了中国特色社会主义道路的文化根基。

　　"两个结合"激活中国特色社会主义理论体系刱造性。中国共产党为什么能，中国特色社会主义为什么好，归根到底是马克思主义行，是中国化时代化的马克思主义行。这是历史的结论。马克思主义中国化时代化这个重大命题本身就决定，我们决不能抛弃马克思主义这个魂脉，决不能抛弃中华优秀传统文化这个根脉。只有坚持"两个结合"，才能坚守好这个魂和根，才能以马克思主义为指导对中华五千多年文明宝库进行全面挖掘，用马克思主义激活中华优秀传统文化中富有生命力的优秀因子并赋予新的时代内涵，将中华民族的伟大精神和丰富智慧更深层次地注入马克思主义，有效把马克思主义思想精髓同中华优秀传统文化精华贯通起来，聚变为新的理论优势，不断攀登新的思想高峰。

　　"两个结合"增强中国特色社会主义制度优越性。选择什么样的国家制度和国家治理体系，是由这个国家的历史文化、社会性质、经济发展水平决定的，是由这个国家的人民决定的。我们党在长期探索中始终掌握思想和文化主动，注重历史和现实、理论和实践、形式和内容有机统一，使中国特色社会主义制度既体现科学社会主义基本原则，又具有鲜明的中国特色、民族特色、时代特色。只有坚持"两个结合"，我们才能在更广阔的文化空间中，充分运用中华优秀传统文化的宝贵资源探索面向未来的理论和制度创新，用中国化时代化的马克思主义指导制度建设，在自我完善和发展中长期保持和不断增强中国特色社会主义制度优越性。

　　"两个结合"巩固中国特色社会主义文化主体性。没有高度的文化自信，就没有中华民族伟大复兴。文化自信就来自我们的文化主体性。我们党历来重视文化建设，始终坚持以马克思主义为指导，推动中华优秀传统文化创造性转化、创新性发展，继承革命文化，发展社会主义先进文化，不忘本来、吸收外来、面向未来，更好构筑中国精神、中国价值、中国力量，持续涵养、提炼升华并不断巩固中华民族的文化主体性。创立习近平新时代中国特色社会主义思想，就是这一文化主体性的最有力体现。有了文化主体性，就有了文化意义上坚定的自我，文化自信就有了根本依托，中国共产党就有了引领时代的强大文化力量，中华民族和中国人民就有了国家认同的坚实文化基础，中华文明就有了和世界其他文明交流互鉴的鲜明文化特性。

中国式现代化理论是"两个结合"的重大成果

新时代新征程，中国共产党的中心任务就是团结带领全国各族人民全面建成社会主义现代化强国、实现第二个百年奋斗目标，以中国式现代化全面推进中华民族伟大复兴。中国式现代化深深植根于中华优秀传统文化，充分体现科学社会主义的先进本质，借鉴吸收一切人类优秀文明成果，代表人类文明进步的发展方向，展现了不同于西方现代化模式的新图景，是一种全新的人类文明形态。概括提出并深入阐述中国式现代化理论，是我们党把马克思主义基本原理同中国具体实际、同中华优秀传统文化相结合的重大理论创新，是科学社会主义的最新重大成果，彰显了"两个结合"的重大意义。

文脉贯通，斯文在兹。中华文明赋予中国式现代化以深厚底蕴，以中华优秀传统文化充实马克思主义的文化生命，推动马克思主义不断实现中国化时代化的新飞跃，显示出日益鲜明的中国风格与中国气派，中国化马克思主义成为中华文化和中国精神的时代精华。"第二个结合"让马克思主义成为中国的，中华优秀传统文化成为现代的，让经由"结合"而形成的新文化成为中国式现代化的文化形态，丰富和发展了马克思主义文化理论，推动形成了习近平新时代中国特色社会主义思想的文化篇，也就是习近平文化思想。中国式现代化是赓续古老文明的现代化，而不是消灭古老文明的现代化；是从中华大地长出来的现代化，不是照搬照抄其他国家的现代化；是文明更新的结果，不是文明断裂的产物。中国式现代化是中华民族的旧邦新命，必将推动中华文明重焕荣光。

"乘风好去，长空万里，直下看山河。"普遍真理只有同具体实际相结合，才能转化为摧枯拉朽、改天换地的物质力量；科学理论只有同优秀文化相结合，才能内化为润泽万物、凝聚人心的精神力量。在推进中国式现代化的伟大实践中，我们要学习、研究、阐释好习近平文化思想，始终坚持"两个结合"，更加深入地发现彼此契合、推动互相成就、筑牢道路根基、打开创新空间，更好担负起新的文化使命，在新的起点上继续推动文化繁荣、建设文化强国、建设中华民族现代文明。

《人民日报》2023 年 10 月 26 日 第 13 版

13

深深植根于中华优秀传统文化

中华文明赋予中国式现代化以深厚底蕴

刘礼堂

习近平总书记指出："中华文明的连续性，从根本上决定了中华民族必然走自己的路。"走自己的路，是我们党的全部理论和实践立足点，是我们党百余年奋斗得出的历史结论，也是由中华文明突出的连续性所决定的。新时代新征程，我们正以中国式现代化全面推进中华民族伟大复兴。深入学习领会习近平总书记的重要论述，深刻把握中华文明具有突出的连续性，对于我们正确理解和大力推进中国式现代化具有重大意义。

在漫长的历史进程中，中华民族筚路蓝缕、跋山涉水，走过了不同于世界其他文明体的发展历程。近代以后，中国逐步成为半殖民地半封建社会，国家蒙辱、人民蒙难、文明蒙尘，中华民族遭受了前所未有的劫难，实现现代化成为中国人民苦苦追求的目标。然而，轮番出台的各种救国方案，包括照搬西方政治制度模式的各种方案，都无法使中国走上现代化道路。在中国共产党的领导下，我们坚持从我国国情出发，探索并形成符合中国实际、反映中国人民意愿的正确的现代化道路，这就是中国式现代化。中国式现代化的形成决不是偶然的，而是由我国历史传承和文化传统决定的，它深深植根于中华优秀传统文化，具有深厚历史渊源、文明底蕴，彰显中华文明突出的连续性，是赓续古老文明而不是消灭古老文明的现代化。

　　具有突出的连续性的中华文明赋予中国式现代化以深厚底蕴，集中而鲜明地体现在它所具有的中国特色上：从"人口规模巨大的现代化"中，我们能看到"民惟邦本，本固邦宁"等思想理念；从"全体人民共同富裕的现代化"中，我们能看到"大道之行，天下为公"等思想理念；从"物质文明和精神文明相协调的现代化"中，我们能看到"富润屋，德润身"等思想理念；从"人与自然和谐共生的现代化"中，我们能看到"天人合一""民胞物与"等思想理念；从"走和平发展道路的现代化"中，我们能看到"协和万邦""亲仁善邻"等思想理念。正是因为深深植根于中华优秀传统文化、从中华文明中汲取丰厚营养，中国式现代化既有各国现代化的共同特征，更有基于自己国情的鲜明特色，展现了不同于西方现代化模式的新图景。

　　绵延不断的中华文明赋予中国式现代化以深厚底蕴，还体现在"中国之制"上。习近平总书记指出："只有扎根本国土壤、汲取充沛养分的制度，才最可靠、也最管用。"我们党坚持和完善中国特色社会主义制度，推进国家治理体系和治理能力现代化，为中国式现代化稳步前行提供坚强制度保证。中国特色社会主义制度正是因为汲取了中华文明的丰富养分而最可靠、最管用，具有巨大优越性。例如，"六合同风，九州共贯"等传统，为我们完善党的领导制度提供了深厚文化土壤；"奉法者强则国强，奉法者弱则国弱"等思想，为我们完善中国特色社会主义法治体系提供了丰富思想养分；"洪范八政，食为政首"等理念，为我们制定强农惠农富农政策提供了深刻历史启示。中国古代还有许多优秀制度经验，可以古为今用、推陈出新，如"以时禁发"的生态保护制度，"养疾之政""补给侍丁"的社会福利制度等。这些制度建设方面的历史经验，可以在新的时代条件下加以总结和利用，助力我们构建系统完备、科学规范、运行有效的制度体系，推动中国特色社会主义制度更加成熟更加定型。

　　中华文明赋予中国式现代化以深厚底蕴，还在于其能够为中国式现代化提供强大精神力量。习近平总书记指出："一个民族、一个国家的核心价值观必须同这个民族、这个国家的历史文化相契合，同这个民族、这个国家的人民正在进行的奋斗相结合，同这个民族、这个国家需要解决的时代问题相适应。"社会主义核心价值观是在中国特色社会主义实践中形成的，反映社会主义的本质要求，反映14亿多中国人民的价值共识，是中国式现代化的重要价值内核。社会主义核心价值观既集中体现当代中国精神，又牢牢立足中华优秀传统文化。在社会主义核心价值观中，我们能看到"民以殷盛，国以富强""民为贵"等质朴理想，能看到"丹心报国""天道酬勤"等精神追求，能看到"人而无信，不知其可"等古代智慧。我们要立足中华文明突出的连续性，推进中华优秀传统文化创造性转化、创新性发展，大力培育和践行社会主义核心价值观，为推进中国式现代化凝聚起强大精神力量。

《人民日报》2023 年 7 月 18 日第 9 版

深刻把握中华文明的
突出特性

14

中华文明具有突出的连续性

方志远

中华文明是中华民族生生不息、发展壮大的丰厚滋养。习近平总书记在文化传承发展座谈会上发表的重要讲话，凝练概括了中华文明的五个突出特性，列于首位的就是"中华文明具有突出的连续性"。习近平总书记指出："中华文明的连续性，从根本上决定了中华民族必然走自己的路。如果不从源远流长的历史连续性来认识中国，就不可能理解古代中国，也不可能理解现代中国，更不可能理解未来中国。"中华文明具有突出的连续性这一重大论断，是建立在坚实的考古发现和丰富的文献记载基础之上的，中华文明起源、形成、发展的历史脉络充分体现了中华文明突出的连续性。

认识文明的连续性需要从认识历史开始。古老的中华文明与古代埃及文明、两河文明、印度文明并称为历史最悠久的世界四大文明，但唯有中华文明五千多年来一脉相承、从未中断，一直延续到今天。这是很了不起的。

8000多年前，在中国大地上，农业有了初步发展，社会出现分化的端倪，开始了中华文明的起源进程，正是中国农业生产方式的稳定性，保障了中华文明的连续性。6000多年前，社会明显分化，开始出现大型中心性聚落和规模较大的墓葬，中华文明加速发展。5000多年前，出现了大型都邑性城址和权贵阶层的大墓，社会分化显著，形成了金字塔式的社会结构，中华文明从此进入古国文明阶段。4000多年前，中原地区开始进入夏王朝时期，中华文明也从此进入以王朝为引领的文明一体化的王朝文明阶段。夏朝之后的商朝，逐渐建立起王朝内部的各种政治和礼仪制度，通过出土的青铜器具、甲骨文字以及后世的文献典籍，我们可以了解这些制度。周朝在取代商朝之后，通过封邦建国的方式，将血缘纽带与地缘政治相结合，确立"周天子"对各诸侯的"宗主"地位，实现了前所未有的对京畿地区之外广大区域的控制，"普天之下，莫非王土；率土之滨，莫非王臣"的大一统理念开始确立，促进了中华文明的文化认同。这个文化认同，成为保障中华文明连续性的强大精神力量。

秦并六国后，不但形成了一个地域更加辽阔的庞大国家，而且建立起一整套维护这个庞大国家的政治、经济、文化制度，标志着中国大一统历史的开始，并由两汉所继承和发展。大一统保障着中华文明从未中断、坚不可摧。公元3—6世纪的三国两晋南北朝时期，也是中国统一多民族国家、中华文明发展的重要时期。正是因为有了这个时期的民族大融合，到隋唐时期形成融入了匈奴、鲜卑、羯、氐、羌各民族的大一统，这已经超越秦汉时期。中华文明也在民族大融合中得到新的发展，更加具有生命力和凝聚力，文化认同达到新的高度。在此后的历史发展进程中，中国统一多民族国家不断发展，中华文明也在大一统中得到持续发展。

中华文明具有突出的连续性，还可以从许多方面得到说明。比如，今天我们使用的汉字，同甲骨文没有根本区别，这说明作为承载中华文明的基本载体的文字，其发展历程清晰连贯。又如，浩若烟海、绵延不断的典籍文献，一直滋养着中华儿女的精神世界，诸如仁民爱物、天人合一、一诺千金等道德信条，古人今人都深受其益。这些都是中华文明连续性的最好见证。

1840年鸦片战争后，中华民族遭遇了文明难以赓续的深重危机。中国共产党领导人民不懈奋斗，成功开辟了实现中华民族伟大复兴的正确道路。今天的中华民族向世界展现的是一派欣欣向荣的气象，一度蒙尘的中华文明焕发出新的光彩，实现了从古代到现代的一脉相承。

回望历史，中华文明如同一条波澜壮阔的长河，一路奔涌，从未断流。这条文明之河浇灌的这片古老大地始终生机勃勃。今天，我们不仅成功传承中华文明并继续从中汲取养分，而且要在新的历史起点上牢牢把握中华文明突出的连续性，继续推动中华优秀传统文化创造性转化、创新性发展，推进新时代中国特色社会主义文化建设，共同努力创造属于我们这个时代的新文化，建设中华民族现代文明。

《人民日报》2023年6月21日第9版

15

深刻理解中华文明突出的连续性

瞿林东

泱泱中华，历史悠久，文明博大。习近平总书记在文化传承发展座谈会上高屋建瓴地概括了中华文明的突出特性，其中排在首位的是"突出的连续性"。习近平总书记指出："中华文明的连续性，从根本上决定了中华民族必然走自己的路。如果不从源远流长的历史连续性来认识中国，就不可能理解古代中国，也不可能理解现代中国，更不可能理解未来中国。"这一重要论断为我们树立正确的中华民族历史观，把古代中国、现代中国、未来中国贯通起来，在新的历史起点上建设中华民族现代文明指明了前进方向、提供了根本遵循。

中华文明突出的连续性体现在多个方面

古老的中华文明与古代埃及文明、两河文明、印度文明并称为历史最悠久的世界四大文明。但埃及、两河、印度三个地方的古代文明后来因种种原因由盛而衰、最终消亡，唯有中华文明五千多年来一脉相承、从未中断，一直延续到今天。相比较而言，中华文明突出的连续性堪称世界文明史上的一大奇观，为世界文明发展作出了巨大贡献。关于中华文明突出的连续性，可以从不同方面深化认识，其中以下几点至为重要。

第一，在中华文明发展史上，自夏、商、周以下至清朝，政治实体衔接有序，均未因外力打击而中断，后一个朝代都自称是前一个朝代的继承者，都强调前朝何以失天下、本朝何以得天下，这实际上都是在强调本朝和前朝的联系。这种种联系的叠加，成为一个一脉相承的政治谱系。即使在十六国时期、南北朝时期以及五代十国时期，许多割据政权仍多是沿用此前出现的朝代名称，可见一脉相承的连续性意识根深蒂固。清朝后期，是中国古代史与中国近现代史的连接点。辛亥革命推翻了清朝的统治，结束了在中国延续几千年的君主专制制度，在中华大地上建立起亚洲第一个共和制国家。中国共产党团结带领中国人民推翻帝国主义、封建主义、官僚资本主义三座大山，建立了人民当家作主的中华人民共和国，开启了中华民族发展进步的历史新纪元。五千多年的中华文明史虽历尽艰辛磨难，但政治发展脉络清晰可循，文明传统历久弥新，具有突出的连续性。

第二，在中华文明发展史上，中华文化传统从未中断。春秋战国时期，古代中国涌现出老子、孔子、庄子、孟子、墨子、孙子、韩非子等闻名于世的伟大思想巨匠，他们提出的思想主张、价值观念塑造了中华文化传统，对于后世的政治理念、人生哲学、社会伦理等产生了深远的历史影响。这些伟大思想巨匠的部分学说，在战国时的《庄子·天下》《荀子·非十二子》中已见端倪，继之则见于司马谈《论六家要旨》，司马迁《史记》中的诸子列传，刘向、刘歆父子《别录》《七略》和班固《汉书·艺文志》，其下又见于《七录》《隋书·经籍志》《旧唐书·经籍志》《新唐书·艺文志》《宋史·艺文志》《永乐大典》《明史·艺文志》《四库全书》等文献目录学著作和大型文献汇编之中，可谓代代相传。同时，在中华文明发展史上，像石渠阁会议、白虎观会议等学术活动的影响力，像《五经正义》《十三经注疏》等学术论著的权威地位，再加上学校教育和科举考试的倡导，这些因素都推动中华文化传统在中华大地传承不绝、流传至今。

第三，发达的中国史学是中华文明突出的连续性的有力明证，凸显出中华民族的共同记忆从未中断。重视历史、研究历史、借鉴历史是中华民族五千多年文明史的一个优良传统。中国史官制度源于商朝，周朝与各诸侯国已有"国史"撰述。孔子据鲁国国史作编年体史书《春秋》，产生了极大影响。《春秋》之后的编年史，有荀悦《汉纪》、袁宏《后汉纪》、司马光《资治通鉴》、李焘《续资治通鉴长编》、毕沅《续资治通鉴》等。司马迁志在"继《春秋》"而著《史记》，以"纪传体"记上起黄帝、下至汉武帝约三千年史事，是为中国史学上第一部通史。东汉班固断代为史，将西汉历史著成《汉书》，开纪传体断代史之先河。此后，从《后汉书》到《清史稿》，历朝历代都有正史撰述，甚至有的朝代不止一部，这些断代史连同《史记》《汉书》，合称"二十六史"。除了以人物为中心的综合体史书，还有《通鉴纪事本末》系列的纪事本末体史书和《通典》《通志》《文献通考》等典章制度史系列。这些体裁的史书贯通古今，全方位地展现了中华文明发展连续性的特点，堪称世界史学的瑰宝。这些史书作为中华文明连续发展的记录，代代传承、世世研习，使中华民族的共同记忆从未中断。

第四，作为中华文明赖以流传的工具，文字语言从未中断。从文字方面来看，尽管现代汉字与甲骨文、金文相比变化很大，但由甲骨文到金文，由金文到小篆，由小篆到隶书，白隶书到楷书，由繁体楷书到简体楷书的发展过程十分清楚、完整。此外，不管字形发生了多大变化，字的构造总是以象形、指事、会意、形声为共同原则。这些原则如同一座联系古今汉字的桥梁，今人通过它们可以辨识古代文字。在语言方面，古今差异的确不小，但差异主要表现在语音、词汇及专门术语上，语法结构并没有发生根本性变化。更重要的是，语言方面所有的变化都是在长期的历史发展过程中逐渐发生的，后人可以沿着历代前人的解读拾级而上来读懂早先的古籍。从未中断的文字语言，是中华文明具有突出的连续性的重要标志。

中华文明突出的连续性蕴含着丰富的中国智慧

为何中华文明五千多年来一脉相承、从未中断，一直延续到今天？这涉及许多方面的原因。古往今来，中国人民为维护中华文明的连续发展进行了艰辛努力，其中蕴含的中国智慧对于人类文明发展有着重要借鉴意义。例如，中国古代政治人物关于创与守、得与失、安与危、兴与亡等关系的讨论，大多蕴含着辩证的思想，反映出对于国家治理的谨慎态度，虽然其根本目的在于维护自身统治，但其中包含着一些不可违背的历史法则。对这些历史法则的遵循，是中华文明连续发展的一个重要原因。

中国古代的许多政治人物都十分重视总结历史经验并提出一些理念，形成独有的政治文化和政治哲学，这种政治文化和政治哲学反过来又推动政治发展和文明发展，这对于中华文明的连续发展有着十分重要的意义。西周统治者从商朝衰亡中汲取经验教训，强调"我不可不监于有夏，亦不可不监于有殷"，把"天命"搁在一边，倡导以"德"治国，这在中华文明发展史上是较早的对历史经验的总结和借鉴。汉高祖要求陆贾"试为我著秦所以失天下，吾所以得之者何，及古成败之国"。唐太宗君臣经常以短祚的秦、隋两朝为例，讨论历史借鉴问题。中国古代政治人物注重总结和借鉴历史经验，这对于维护中华文明突出的连续性具有重要意义。

与汲取历史经验教训紧密联系的，是一些政治人物对国家治理所面临的艰难常怀深深的忧虑，所以都十分重视"创业"难还是"守成"难的问题。唐太宗与大臣们讨论过这一问题。类似的问题明太祖也强调过，他对群臣说："诚思天下大业以艰难得之，必当以艰难守之"。正是这种忧患意识，让许多朝代在开国之初都能励精图治，推动中华文明发展。其景象正如唐代史学家杜佑所说："汉、隋、大唐，海内统一，人户滋殖，三代莫俦。"中国历史上，文景之治、开皇之治、贞观之治、康乾盛世等的出现，为中华文明连续发展并不断迈上新的台阶奠定了重要基础。

中国古代史学家对于中国历史的思考，往往表现出很强的历史纵深感，其所体现的历史见识对于政治人物具有重要影响，从而也深刻影响了中华文明的发展。这从唐代杜佑的《通典》和宋代司马光的《资治通鉴》二书，看得尤为清楚。《通典》200卷，旨在阐述"往昔是非，可为来今龟镜"。全书分为食货、选举、职官、礼、乐、兵、刑法、州郡、边防九门，并以食货（经济）为首，反映了国家职能部门建制，强调国家对土地、户口进行管理的重要性。《资治通鉴》294卷，"专取关国家盛衰，系生民休戚，善可为法，恶可为戒者"入史，足见司马光深刻的历史见识和良苦用心。宋神宗称赞此书"尽古今之统，博而得其要，简而周于事，是亦典刑之总会，册牍之渊林"。《贞观政要》一书因具体地反映唐太宗君臣论政的诸多观念、方略，在辽夏金元时期得到政治人物的高度重视，被诏命翻译成各种民族文字而广为流传。可见，清人龚自珍所说的"欲知大道，必先为史""智者受三千年史氏之书，则能以良史之忧忧天下"等语，对于中华文明发展而言确有深意，并非夸张之虚言。

为建设中华民族现代文明作出史学贡献

习近平总书记在文化传承发展座谈会上强调："担当使命、奋发有为，共同努力创造属于我们这个时代的新文化，建设中华民族现代文明！"建设中华民族现代文明，这是维护和彰显中华文明突出的连续性的内在要求。在中华文明发展史上，我国史学家们所撰著的史学著作成为中华文明突出的连续性的有力明证，所彰显的历史见识对中华文明发展产生重要影响。新时代新征程，广大历史研究工作者要自觉弘扬我国悠久的史学传统，为赓续中华文脉、建设中华民族现代文明作出史学贡献。

坚持"两个结合"，深入挖掘中华优秀传统文化。习近平总书记指出："中国特色的关键就在于'两个结合'。"坚持"两个结合"，要求历史研究工作者坚持以习近平新时代中国特色社会主义思想为指导，对中华五千多年文明宝库进行全面挖掘，用马克思主义激活中华优秀传统文化中富有生命力的优秀因子并赋予其新的时代内涵，不断推动中华优秀传统文化创造性转化、创新性发展。要将中华民族的伟大精神和丰富智慧更好提炼出来，有效把马克思主义思想精髓同中华优秀传统文化精华贯通起来。

坚定文化自信，用中国道理总结好中国经验，把中国经验提升为中国理论。我们要建设文化强国，要建设中华民族现代文明，必须实现精神上的独立自主。要实现精神上的独立自主，必须立足中华民族伟大历史实践和当代实践，用中国道理总结好中国经验，把中国经验提升为中国理论。广大历史研究工作者要坚定文化自信、坚持守正创新，进一步总结中华文明关于治国理政的理念、经验、智慧，使之具有现实的启示意义，并能在与世界各国的交流互鉴中彰显中国特色、中国风格、中国气派。

坚持以人民为中心，为民族复兴提供精神力量。从"述往事，思来者"到"征诸人事，将施有政"，体现的都是史学经世致用的功能和传统。史学之所以能够经世致用，是因为历史与现实是紧密联系的。新时代新征程，以中国式现代化全面推进中华民族伟大复兴，需要强大精神力量的支撑。广大历史研究工作者要坚持以人民为中心，推出更多精品力作，使之成为激励人民群众创造美好生活、推动实现中华民族伟大复兴的强大精神力量。

《人民日报》2023 年 7 月 18 日第 9 版

16

从历史连续性来认识中国

杨艳秋

作为古代中国的延续和发展的现代中国，正在为全面建成富强民主文明和谐美丽的未来中国进行着人类历史上最为宏大而独特的实践创新。习近平总书记指出："如果不从源远流长的历史连续性来认识中国，就不可能理解古代中国，也不可能理解现代中国，更不可能理解未来中国。"我们要深入学习领会习近平总书记关于中华文明具有突出的连续性的重要论述，更加全面系统地研究中国历史和中华文明，在对历史的深入思考中更好认识过去、把握当下、面向未来，从而在强国建设、民族复兴的新征程上坚定历史自信、增强历史主动。

习近平总书记指出："一个民族的历史是一个民族安身立命的基础。"人们自己创造自己的历史，但既不是随心所欲地创造，也不是在选定的条件下创造，而是在直接碰到的、既定的、从过去承继下来的条件下创造。我们说历史就是过去，但从某种意义上说，历史是过去的现实、现实是将来的历史。历史犹如长河，这条长河奔涌向前，其过去、现在和未来不可分割。马克思、恩格斯指出："历史不外是各个世代的依次交替。每一代都利用以前各代遗留下来的材料、资金和生产力；由于这个缘故，每一代一方面在完全改变了的环境下继续从事所继承的活动，另一方面又通过完全改变了的活动来变更旧的环境。"这就说明，每一代人的生活，都建立在前一代留下的历史遗产之上；我们今天的一切生活现状，如风俗习惯、社会潮流、学术思想等，无一不是由过去的历史累积或演变而来的。

中华民族具有五千多年连绵不断的文明史，创造了博大精深的中华文化，为人类文明进步作出了不可磨灭的贡献。中华文明是生活在中华大地上的各民族共同创造的，各民族共同经历的非凡奋斗、共同培育的民族精神、共同创造的美好家园、共同坚守的理想信念，铸就了辉煌灿烂的中华文明。几千年的沧桑岁月，把我国56个民族、14亿多人紧紧凝聚在一起。在漫长的历史进程中，中华民族虽历经磨难，但向往统一、反对分裂、天下一家、同源共祖的历史认同观念贯穿中华民族发展历史进程，推动中华民族一次次战胜灾难、一次次渡过难关，统一的多民族国家不断巩固和发展，中华文明得以一脉相承、连续不断。

从中华文明突出的连续性来认识中国，更能深刻感悟中华文明的博大精深，更能找到中华民族何以能始终屹立于世界民族之林的答案所在。也正是因为这个突出的连续性，让我们这个古老又伟大的民族必然走自己的路，让我们建设的社会主义必然是中国特色社会主义而不是别的什么主义。现代中国正经历着我国历史上最为广泛而深刻的社会变革，我们正在中国特色社会主义道路上全面建设社会主义现代化国家、以中国式现代化全面推进中华民族伟大复兴。习近平总书记指出："如果没有中华五千年文明，哪里有什么中国特色？如果不是中国特色，哪有我们今天这么成功的中国特色社会主义道路？"中国特色社会主义不是从天上掉下来的，而是党和人民历尽千辛万苦、付出巨大代价取得的根本成就，是在对中华民族五千多年悠久文明的传承中走出来的。中华文明具有突出的连续性的深厚底蕴，赋予了中华民族自信自立自强的精神基因，筑牢了中国道路的根基，决定了解决中国的问题只能在中华大地上探寻适合自己的道路和办法。

历史从昨天走到今天再走向明天，人类的前进总是承继着前人。古今中外，概莫能外。当前，世界百年未有之大变局加速演进，中华民族伟大复兴进入关键时期，中华文明再次来到新的发展关口。新征程上，我们继续走好自己的路，就要以高度的文化自信实现精神上的独立自主，就要深刻认识到我们正在建设的中华民族现代文明必然延续着这个国家和民族的精神血脉，需要薪火相传、代代守护，需要与时俱进、勇于创新。我们要立足中华文明突出的连续性，认清当代中国所处的历史方位，明确我们所推进和拓展的中国式现代化深深植根于中华优秀传统文化，是赓续古老文明而不是消灭古老文明的现代化，是从中华大地长出来而不是照搬照抄其他国家的现代化，是文明更新的结果而不是文明断裂的产物，增强历史自觉、掌握历史主动、坚定历史自信，在乱云飞渡中把牢正确方向，在风险挑战面前砥砺胆识，在承前启后、继往开来中创造属于我们这一代人的历史伟业。

《人民日报》2023 年 7 月 18 日第 9 版

17

中华文明具有突出的创新性

张海鹏

自古以来，中华文明在继承创新中不断发展，在应时处变中不断升华，积淀着中华民族最深沉的精神追求。习近平总书记指出："中华文明的创新性，从根本上决定了中华民族守正不守旧、尊古不复古的进取精神，决定了中华民族不惧新挑战、勇于接受新事物的无畏品格。"深刻认识中华文明的悠久历史、感知中华文明的博大精深，就要深刻把握中华文明具有突出的创新性这个重要特征。这不仅有利于我们树立正确的文明观、历史观，而且对于在新的起点上继续推动文化繁荣、建设文化强国、建设中华民族现代文明具有重要意义。

中华文明源远流长、博大精深。自强不息、革故鼎新、与时俱进是中华文明永恒的精神气质，追求日日新是中华文明的鲜明特点。回顾历史可以看到，中华文明突出的创新性，鲜明地体现在国家制度和国家治理思想的发展中。周朝实行分封制。秦朝统一中国后在地方上采用郡县制，实行"书同文，车同轨""令黔首自实田"，推动政治、经济、文化制度在继承中创新，建立了中央集权的统一多民族国家。后来，隋唐开创科举制、元代确立行省制度、明代废除宰相制度、清代实施对少数民族因俗而治的政策等，都是对国家治理体系的重大创新，都不同程度体现了中华文明中"变则通"的创新思想。

中华文明具有突出的创新性，还体现在我们创造了灿烂辉煌的文化。从思想到器物、从艺术到科技，中华文昍突出的创新性在历史长河中熠熠生辉。中华民族不仅涌现了老子、孔子、庄子、孟子、墨子、孙子、韩非子等闻名于世的伟大思想巨匠，产生了儒、道、墨、名、法、阴阳、农、杂、兵等各家学说，创作了诗经、楚辞、汉赋、唐诗、宋词、元曲、明清小说等伟大文艺作品，传承了格萨尔王、玛纳斯、江格尔等震撼人心的伟大史诗，在科技上也有诸多领先世界的发明……正是我们自己创造和培育的独具特色、博大精深的中华文化，为中华民族生生不息、长盛不衰提供了强大精神支撑。

鸦片战争以后，由于西方列强入侵和封建统治腐败，中国逐步成为半殖民地半封建社会。中国共产党坚持以马克思主义为指导，团结带领中国人民不断推进理论创新、实践创新、制度创新、文化创新以及其他各方面创新，彻底摆脱了被欺负、被压迫、被奴役的命运。回顾历史，为什么照搬西方政治制度模式的各种方案都不能完成中华民族救亡图存和反帝反封建的历史任务？为什么中国共产党能够带领中国人民成功开辟实现中华民族伟大复兴的正确道路？究其原因，在于中国共产党坚持把马克思主义基本原理同中国具体实际相结合、同中华优秀传统文化相结合，把马克思主义中国化时代化的科学理论作为治国理政的指导思想，尊重中华文明发展的历史脉络，同时发扬恪守正道、与时俱进、革故鼎新的历史文化传统，为中华民族生生不息、发展壮大提供了不竭的思想源泉。

习近平总书记强调："守正才能不迷失方向、不犯颠覆性错误，创新才能把握时代、引领时代。"回望历史，我国国家制度和国家治理思想的传承和创新，深刻体现了中华文明勇于创新、善于创新的人文传统和治理智慧。天下为公、天下大同、民为邦本、富民厚生、义利兼顾、自强不息的优秀价值理念为中国共产党所继承和发展，"为万世开太平""先天下之忧而忧，后天下之乐而乐"等主张又在中国共产党治国理政过程中结合新的时代条件不断推陈出新。百余年来，我们党继承和弘扬中华文明具有的突出的创新性，用马克思主义真理的力量激活了中华民族历经几千年创造的伟大文明，使中华文明再次迸发出强大精神力量。作为中华文化和中国精神的时代精华，习近平新时代中国特色社会主义思想的创立是我们文化主体性的最有力体现，标志着中华民族和中国人民的文化自信、文化自觉达到了新的历史高度。

新时代新征程，我们要大力弘扬中华文明具有的突出的创新性，扎根中华大地，继续推进中华优秀传统文化创造性转化、创新性发展，把马克思主义的思想精髓和中华文化的精神特质融会贯通起来，为全面建设社会主义现代化国家、全面推进中华民族伟大复兴注入强大精神力量。

《人民日报》2023 年 6 月 27 日第 9 版

18

深刻理解中华文明的创新性

何星亮

中华文明源远流长、博大精深，是中华民族独特的精神标识，是当代中国文化的根基，是维系全世界华人的精神纽带，也是中国文化创新的宝藏。习近平总书记在文化传承发展座谈会上强调"中华优秀传统文化有很多重要元素""共同塑造出中华文明的突出特性"，并深刻阐述了"中华文明具有突出的创新性"。

中华文明的创新性源自中华民族的创新精神。从历史文献记载来看，中华民族向来崇尚创新创造，主张革故鼎新。《周易》中的"富有之谓大业，日新之谓盛德，生生之谓易"、《礼记·大学》中的"苟日新，日日新，又日新"等语，都饱含着创新精神。公元554年成书的《魏书》首现"创新"一词，书中记载"革弊创新者，先皇之志也"。几千年来，创新精神活跃于中华民族各个历史时期，体现在中华文明各个方面。中华文明在应对内外环境变化中不断变革，在传承的基础上不断创新，因而能够始终保持生机活力，成为人类历史上唯一一个绵延 5000 多年至今未曾中断的灿烂文明。新时代新征程，我们要继承和弘扬中华文明的创新性，以创新推动中国式现代化、建设中华民族现代文明。

我国古代物质文明成就所体现出的创新性

包括文明赖以存在的物质资料生产以及科学技术发展状况的物质文明，体现生产力发展水平，在很大程度上反映人们认识世界和改造世界的能力。根据《中国大百科全书》有关资料，中国历史上的科学技术在生产实践中不断创新发展，经过夏、商、周三代的发展，在秦汉时期形成自己的范式，其后经历了南北朝、北宋和晚明三次高峰期。

秦汉时期，中国完成了诸如纸、指南车、记里鼓车、手摇纺车、织布机、水碓、龙骨水车、风扇车、独轮车、钻井机、浑天仪和候风地动仪等许多重大技术发明，形成了算学、天学、舆地学、农学和医学五大学科范式。南北朝时期，数学家祖冲之计算出圆周率在 3.1415926 至 3.1415927 之间，这一精度保持近千年之久；农学家贾思勰的《齐民要术》在中国农业发展史上具有里程碑意义，标志着中国农学体系的成熟。北宋时期，毕昇在雕版印刷全盛的时代发明胶泥活字，开活字版印刷时代之先河；曾公亮等人编著的《武经总要》记载了火药配方和包括火箭在内的各种火器，以及用于航海的水罗盘指南鱼的制造方法；沈括在数学、物理、天文、地理和工程技术诸多领域都作出创造性的贡献，并作为全才型科学家而享誉世界。晚明时期，李时珍的《本草纲目》提出了接近现代的本草学自然分类法；宋应星的《天工开物》简要而系统地记述了明代农业和手工业的技术成就，其中包括许多世界首创的技术发明。

在几千年的文明发展进程中，中华民族创造了闻名于世的科技成果，在农、医、天、算等方面形成了系统化的知识体系，取得了以四大发明为代表的一大批发明创造。马克思指出："火药、指南针、印刷术——这是预告资产阶级社会到来的三大发明……总的来说变成科学复兴的手段，变成对精神发展创造必要前提的最强大的杠杆。"这些物质文明和科学技术发展成就，是古代中国对世界的贡献，也充分证明创新是推动人类文明进步的根本动力，创新性是中华文明的一个突出特性。

我国古代制度文明成就所体现出的创新性

制度文明是处理各种社会关系、有效管理社会的规范体系成果，主要功能在于满足人们的社会生活需求、维护社会秩序、保障人们生命和财产安全等，包括政治制度、法律制度、治理体系等。我国制度建设源远流长。《周易》中就记有"节以制度，不伤财，不害民"，大意就是以典章制度为节制，就不会伤财害民。我国历史上不仅创造了闻名于世的科技成果，也创造了世界领先的制度文明。

比如，我国古代地方行政制度历经多次变革。周朝实行分封制。秦朝统一中国后，除都城设内史管辖外，在地方上采用郡县制，将全国划分为36个郡（后增为40多个郡），郡下设县。汉承秦制，早期实行郡县与封国并行的制度，武帝以后直到东汉末期基本上采用郡县制。东汉末期到魏晋南北朝时期，在郡、县两级之上设州一级地方政权建制，形成州—郡—县的三级行政区划制度。元代确立行省制度，行省成为州、府之上的地方行政区。这些变化反映了我国古代治理体系的创新发展，集中体现了我国古代治理智慧。我国古代制度文明和治理智慧，可以为我们坚持和完善中国特色社会主义制度、推进国家治理体系和治理能力现代化提供有益借鉴。

又如，我国自古以来形成了世界法制史上独树一帜的中华法系，积淀了深厚的法律文化。夏、商、周的法律以习惯法为主，礼刑并用。春秋时期，各诸侯国的法律制度发生重大变化，成文法陆续颁布。例如，秦国奉行法家学说，任法为治。商鞅在李悝《法经》的基础上，改法为律，制定《秦律》。秦统一中国后，秦始皇将秦国的法律推行至全国，建立起全国统一的封建法制。隋唐时期是中国法律制度发生重大变革的时期。隋朝制定《开皇律》，在封建法典中占有重要地位。唐朝编定《唐律疏议》30卷，为大唐盛世奠定了法律基石，成为中华法系的典范。不仅如此，《唐律疏议》的基本原则和具体制度还超越国界，成为不少国家学习的范本。在我国特定历史条件下形成的中华法系，显示了中华民族的伟大创造力，凝聚了中华民族的精神和智慧。

我国历史上的政治制度、法律制度、人才选拔制度等，都是随着社会发展不断改革创新发展的，而且在持续推陈出新中维系着中国古代制度文明的连贯性与整体性。

我国古代精神文明成就所体现出的创新性

精神文明是文明社会的观念和意识形态，是物质文明和制度文明在人们头脑中的反映，包括伦理道德、思想理念、文化艺术等方面的成就。

中华优秀传统文化蕴含着丰富的思想理念、价值和道德规范。比如，孔子最早提出"仁""礼""义"三个范畴，孟子进一步提出"仁义礼智"四个范畴，董仲舒在此基础上加了一个"信"，发展为"仁义礼智信"五常，成为当时普遍认同的价值标准。此后，"五常"一语频频出现在史籍中，成为中华传统文化的精神内核。又如，宋代在综合先秦儒家道德观念的基础上，形成了"孝悌忠信礼义廉耻"八德，体现着评判是非曲直的道德标准，为中华文明注入深厚的伦理责任和家国情怀，潜移默化地影响着中国人的行为方式。

中国传统哲学思想发展已有 3000 多年的历史，经历了先秦子学、两汉经学、魏晋玄学、隋唐佛学、宋明理学等学术发展阶段，产生了儒、释、道、墨、名、法、阴阳、农、杂、兵等各家学说，形成了厚德载物、明德弘道的精神追求，实事求是、知行合一的哲学思想，执两用中、守中致和的思维方法等诸多思想元素。这些哲学思想为古人认识世界、改造世界提供了重要依据，也为中华文明发展奠定了哲学基础，为人类文明发展作出了重大贡献。

中国的工艺美术历史悠久、品种繁多、技艺精湛，起源可追溯到旧石器时代的石器。此后，在漫长的社会发展过程中，中国的青铜器、陶瓷、丝绸、刺绣、漆器、玉器、珐琅、金银制品和各种雕塑工艺品等，都取得了辉煌成就。这些工艺品浸润着中华民族的文化精神和审美意识，展现了中华审美风范。历史上著名的"丝绸之路"和"海上丝绸之路"，充分反映了中国工艺美术的高度发展及其对世界文化的影响。

几千年来，中国古代精神文明不断发展变化、不断融合创新，取得了一系列重要成果。中国古代精神文明代表着中华民族独特的精神标识，为中华民族生生不息、发展壮大提供了丰厚滋养。

传承和弘扬中华文明的创新性

创新始终是推动一个国家、一个民族向前发展的重要力量，也是推动整个人类社会向前发展的重要力量。回望中华民族 5000 多年的文明发展史，无论是物质文明、制度文明还是精神文明的丰富发展，都是发扬创新精神取得的成果。历史充分证明，中华民族是具有伟大创新精神的民族，中华文明具有突出的创新性。全面建设社会主义现代化国家、建设中华民族现代文明，必须继承和弘扬中华文明的创新性。

当代中国的伟大社会变革，不是简单延续我国历史文化的母版，不是简单套用马克思主义经典作家设想的模板，不是其他国家社会主义实践的再版，也不是国外现代化发展的翻版，而是一项前无古人的开创性事业，还有许多未知领域，需要我们在实践中去大胆探索和创新。习近平总书记指出："抓创新就是抓发展，谋创新就是谋未来。"我们要传承和弘扬中华文明的创新性，把创新摆在国家发展全局的核心位置，让创新贯穿党和国家一切工作，让创新在全社会蔚然成风。深入理解和把握中华文明突出的创新性，在新征程上更

有效地推动理论创新、实践创新、制度创新、文化创新以及其他各
方面创新，我们一定能够全面建成社会主义现代化强国、推动中华
文明重焕荣光。

《人民日报》2023 年 7 月 24 日第 9 版

19

创新是中华民族最深沉的民族禀赋

杨共乐

习近平主席在亚洲文明对话大会开幕式上指出："中华文明在继承创新中不断发展，在应时处变中不断升华"。在人类历史上，旧大陆、大河流域的几大原生文明，大多因为不能抵御外部力量的冲击而衰亡，唯有中华民族创造的中华文明始终延绵不绝、历久弥新。哲学家冯友兰写道："盖并世列强，虽新而不古；希腊罗马，有古而无今。惟我国家，亘古亘今，亦新亦旧，斯所谓'周虽旧邦，其命维新'者也。""周虽旧邦，其命维新"出自《诗经》，它所包含的创新精神已经成为中华优秀传统文化的重要元素之一。

中华文明具有突出的创新性，这是从中华优秀传统文化中提炼出来的一个突出特性。中华民族是富有创新精神的伟大民族，创新精神来源于中华民族强烈的忧患意识、危机意识。中国古代志士仁人忧国、忧民、忧天下的家国情怀和担当精神，让中华民族一次次走出困境，化忧为机、化危为安。先贤们倡导的"自强不息""与时俱进""革故鼎新"以及"苟日新，日日新，又日新"等，都是中华民族奋发图强的真实写照，是中华民族精神的重要标识。中华文明具有突出的创新性，这也是从中华民族伟大实践中升华而成的重要结论。中国历史上形成了一整套大国管理体制和国家治理体系，形成了六合同风、四海一家的大一统理念及其伟大实践，这是中华民族创新性成就的重要体现。从"书同文，车同轨，量同衡，行同伦"的推行到造纸术、火药、印刷术、指南针的发明等，都是中华民族历史上具有开拓意义的成果，对增强中华民族凝聚力、推动中华文明发展作出了巨大贡献。

中华文明具有突出的创新性，是中华民族守正不守旧、尊古不复古进取精神的反映与结晶。中华民族由各民族交融汇聚而成，中华文明因各民族敢于创造而兴旺发达、延绵持久。18 世纪以后，西方部分学者常常根据片面资料，把中华文明描写成墨守成规、静止不变的文明。历史表明，他们根本没有读懂中国社会、没有看清中华文明的内在特质。中华文明具有顽强的自我更新、新陈代谢能力，坚守但并不保守。守旧、复古不是中华民族的文化本性，连续发展才是中华民族共同体的重要特征。中华文明绵延至今未曾中断，本身就是中华民族创新成果的充分体现，是人类历史上的一个奇迹，在世界文明史上处于独一无二的地位。

中华文明具有突出的创新性，决定了中华民族不惧新挑战、勇于接受新事物的无畏品格。这种品格在中国人民解决绝对贫困问题上得到了充分展现。中国的贫困规模之大、贫困分布之广、贫困程度之深世所罕见，贫困治理难度超乎想象。为摘掉贫困落后的帽子，中国共产党带领中国人民自强不息、艰苦奋斗，依靠自己的双手，付出难以想象的辛劳和汗水，取得令世界瞩目的成绩。特别是新时代以来，面对贫中之贫、坚中之坚，中国共产党带领中国人民以更大的决心、更明确的思路、更精准的举措、超常规的力度，众志成城实现脱贫攻坚目标。到 2020 年底，现行标准下 9899 万农村贫困人口全部脱贫，832 个贫困县全部摘帽，12.8 万个贫困村全部出列。中国完成了消除绝对贫困的艰巨任务，提前 10 年实现《联合国 2030 年可持续发展议程》减贫目标。如果没有不惧新挑战的无畏品格、敢于迎难而上的创新意识和勇担责任的创新实践，要完成人类历史上如此伟大的事业显然是不可能的。

习近平总书记指出："创新是一个民族进步的灵魂，是一个国家兴旺发达的不竭动力，也是中华民族最深沉的民族禀赋。"中华文明的创新性既体现在昨天的方方面面，更体现在今天的各行各业。中华民族因创新而兴，因创新而强。正是因为有伟大的创新精神和创新实践，中华文明才能饱受磨难而不垮，历尽浩劫而不倒。当前，在激烈的国际竞争中，惟创新者进，惟创新者强，惟创新者胜。这是历史的规律。我们党坚持把创新摆在国家发展全局的核心位置，大力推进理论创新、实践创新、制度创新、文化创新以及其他各方面创新，一定能够推动中华文明走向新的辉煌，实现中华民族伟大复兴。

《人民日报》2023 年 7 月 24 日第 9 版

20

守正不守旧　尊古不复古

进取精神是中华民族的内在品质

王学斌

在漫长的历史进程中，中华民族创造了源远流长、博大精深的中华文明。习近平总书记指出："中华文明的创新性，从根本上决定了中华民族守正不守旧、尊古不复古的进取精神"。中华文明历经 5000 多年的历史变迁，始终一脉相承、充满生机活力，在继承创新中不断发展，这得益于中华民族守正不守旧、尊古不复古的进取精神。

进取精神源自中国人的宇宙观。在数千年的文明延续中，中华民族逐渐形成了一套注重连续、变化、关联、系统的宇宙观，认为宇宙万物彼此依存、相互联系，并始终把宇宙看成一个生生不息的运动过程。《周易》中讲："穷则变，变则通，通则久。"我们的先人认为，变化是存在的基本形式，存在就是流动和变革。只有适时而变、与时偕行，在调整和变化中寻求新的发展路径，才能不断前进。"富有之谓大业，日新之谓盛德，生生之谓易"。这就是说在"大化流行"的寰宇内，生生不息、变化不止，充满了创新创造的活力，必定会孕育出新的事物。

进取精神得益于中国传统的"致中和"思维方式。中国传统文化认为，既然天地万物都在日新月异、新陈代谢，身处其中的人自然应当积极有为、不断进取。《周易》中的"天地之大德曰生"，《荀子》中的"人有气、有生、有知，亦且有义，故最为天下贵也"等，都强调人作为世界构成的一部分，是极其重要的主体，在文明延续更新中具有主体性地位。在文明创新发展中发挥人的主体性，需要遵循一定的方法，这就是《中庸》提出的"中也者，天下之大本也；和也者，天下之达道也。致中和，天地位焉，万物育焉"。这就告诉人们，万事万物都处在相互矛盾又彼此统一的复杂状态，要坚持系统性、整体性、立体性的思维方式，把握其内在规律即"执中"，"执中"的同时还要"守和"，在承认万物存在差异的前提下妥善处理各种矛盾关系，从而经过一次次的因革损益，让新生事物孕育生成。

进取精神体现在中华优秀传统文化在传承中创新。创新创造不是否定历史、推倒重来，而是在尊重传统前提下的自我更新。中华文明的创新性和连续性是融为一体的。千百年来，中华优秀传统文化中的诸多元素，例如，天下为公、天下大同的社会理想，民为邦本、为政以德的治理思想，修齐治平、兴亡有责的家国情怀，厚德载物、明德弘道的精神追求，等等，一直延续不断、世代传承，并与当代实际有机结合，焕发出新的生机。正是因为在传承中创新，中华文明才得以绵延 5000 多年，不断固本培元、与时俱进，形成包罗万象、胸怀天下的恢宏格局。

对历史最好的继承，就是创造新的历史。立足新的历史起点，我们要深刻理解中华文明突出的创新性，坚持守正创新，深入推进"两个结合"，不断探索面向未来的理论和制度创新，以奋发有为的精神状态赓续历史文脉、谱写当代华章，建设中华民族现代文明。

《人民日报》2023 年 7 月 24 日第 9 版

21

以无畏品格推动中华文明历久弥新

不惧新挑战　勇于接受新事物

夏文斌

习近平总书记指出："中华民族是历经磨难、不屈不挠的伟大民族"。中华民族在历史上经历过很多磨难，但从来没有被压垮过，而是愈挫愈勇，不断在磨难中成长、从磨难中奋起。其中一个重要原因在于，中华民族具有不惧新挑战、勇于接受新事物的无畏品格。

这种无畏品格来自中华民族的创新精神。回顾中华民族 5000 多年文明史，夸父追日、女娲补天等神话所展示的创新勇气，"天行健，君子以自强不息""苟日新，日日新，又日新"所表达的创新追求，"穷则变，变则通，通则久""周虽旧邦，其命维新"所体现的创新使命，等等，激励着中华民族以创新迎接挑战、应对困局和破解难题。这种无畏品格来自中华民族的创新思维。在认识世界、改造世界的过程中，中华民族形成了革故鼎新、温故知新、大音希声、大象无形等充满辩证意蕴的思维方式和思想智慧，为化危为机、危中寻机提供了智力支撑。这种无畏品格来自中华民族的创新文化。中国人民在长期生产生活中，形成了讲仁爱、重民本、守诚信、崇正义、尚和合、求大同的精神特质，形成了以天下为公、民为邦本、为政以德、革故鼎新、任人唯贤、天人合一、自强不息、厚德载物、讲信修睦、亲仁善邻为核心要义的宇宙观、天下观、社会观、道德观，为中华民族在磨难中成长壮大提供了精神动力。正是中华文明所具有的突出创新性，从根本上决定了中华民族不惧新挑战、勇于接受新事物的无畏品格。

中华民族以这种无畏品格，创造了中华文明源远流长的辉煌成就。在物质层面，中华民族创造了一个又一个奇迹。例如，陶器、青铜器、铁器等的生产发明，体现着中华民族改造自然的智慧和勇气；耒耜、石犁、青铜犁、铁犁、直辕犁、曲辕犁的耕具更替，见证着农业技术的进步与生产力的提高；都江堰、坎儿井等伟大工程，是中华民族不屈服于恶劣自然条件的生动写照；以四大发明为标志的古代科技，书写着中华民族在科技发明方面的历史传奇。在制度层面，中华民族积累了关于国家制度和国家治理的丰富思想，逐步形成了包括郡县制度、土地制度、税赋制度、科举制度、监察制度、军事制度等各方面制度在内的国家制度和国家治理体系，为中国传统社会的长期延续和发展提供了坚实制度支撑。在文化层面，中华民族广泛汲取来自不同民族、不同文化的新思想新理念，形成了先秦子学、两汉经学、魏晋玄学、隋唐佛学、宋明理学等一系列绚烂文明成果，包括天人合一、道法自然的思想理念，自强不息、厚德载物的人文精神，尊时守位、知常达变的东方智慧，孝悌忠信、礼义廉耻的道德操守，等等，其中的一些思想观念、人文精神、道德准则至今仍深刻影响着中国人的日常生活。

新征程上，我们要充分发扬中华民族不惧新挑战、勇于接受新事物的无畏品格，积极推动中华文明创造性转化、创新性发展。要坚持守正创新，坚定历史自信、文化自信，用马克思主义真理的力量激活中华民族历经几千年创造的伟大文明，大力激发全民族文化创新创造活力。坚持问题导向，把握当代社会发展趋势，着眼中国式现代化面临的新问题新情况新挑战，不断提出真正解决问题的新理念新思路新办法。坚持开放包容，积极推进国际人文学术交流，拓展交流的深度和广度，吸收一切人类优秀文明成果，促进外来文化本土化，努力创造属于我们这个时代的新文化。

《人民日报》2023 年 7 月 24 日第 9 版

22

中华文明具有突出的统一性

尹 志

中华民族是多元一体的伟大民族，中华文明是由各民族优秀文化百川汇流而成的伟大文明。经过漫长的历史演进，今天的中国是一个拥有 56 个民族、14 亿多人口而又高度团结统一的国家。习近平总书记在文化传承发展座谈会上将"具有突出的统一性"列为中华文明的突出特性之一，并指出："中华文明的统一性，从根本上决定了中华民族各民族文化融为一体、即使遭遇重大挫折也牢固凝聚，决定了国土不可分、国家不可乱、民族不可散、文明不可断的共同信念，决定了国家统一永远是中国核心利益的核心，决定了一个坚强统一的国家是各族人民的命运所系。"中华文明突出的统一性，鲜明体现为九州共贯、多元一体的大一统传统深深熔铸于中华文明发展历史中。

一部中国史，就是一部各民族交融汇聚成多元一体中华民族的历史，就是各民族共同缔造、发展、巩固统一的伟大祖国的历史。中国历史上，各民族先民胼手胝足、披荆斩棘，共同开发了祖国的锦绣河山，各民族人民之间频繁互动。秦朝实现"书同文，车同轨，量同衡，行同伦"，开启了中国统一多民族国家发展历程。秦汉实行的郡县制，顺应经济社会发展需要和历史发展趋势，以郡县对辽阔的国土直接进行管辖，为统一多民族国家发展作出了重要贡献，也推动了汉唐文明的高度繁荣和多民族融合。秦汉以后，历经几次民族大融合，各民族你中有我、我中有你，为此后特别是元明清时期的统一多民族国家发展奠定了坚实基础。

中国历史上，为促进统一多民族国家发展，各朝代都因时因势采取各种有效举措。如汉代设立西域都护府统辖新疆，唐代创设羁縻州府经略边疆。元朝建立后，完成了大漠塞外与中土农耕区连为一体的政治统一，民族实现融汇，并设宣政院管理西藏。清朝通过理藩院统辖、盟旗制等制度，使统一多民族国家的根基不断强化。清中后期，儒学逐渐成为主导文化，藏传佛教又成为沟通藏、蒙两族的另一文化纽带，强化了文化融合。在漫长的历史发展中，中华文明的统一性不断得到加强与升华。我们可以看到，在秦朝开启了中国统一多民族国家发展历程后，无论哪个民族入主中原，都以统一天下为己任，都以中华文化的正统自居。

从赵武灵王胡服骑射到北魏孝文帝汉化改革，从"洛阳家家学胡乐"到"万里羌人尽汉歌"，各民族在民族融合中形成了强大的文化认同，铸就了追求团结统一的民族精神，即便遭遇重大挫折也团结凝聚、奋勇向前，把国家统一作为中国核心利益的核心。近代以后，中国逐步成为半殖民地半封建社会，面对外敌入侵，我国各族人民发扬伟大团结精神，英勇奋斗，浴血奋战，共同书写了中华民族保卫祖国、抵御外侮的壮丽史诗。中国之所以在衰败凋零中浴火重生，离不开中华文明突出的统一性。

今天，在中国共产党的坚强领导下，我们铸牢中华民族共同体意识，全国各族人民同心同德、同心同向，通过不懈奋斗取得了举世瞩目的发展成就，中华民族迎来了历史上最好的发展时期，中华民族伟大复兴进入了不可逆转的历史进程。新时代新征程，我们要深刻认识中华文明突出的统一性，从历史中汲取智慧，不断坚定国土不可分、国家不可乱、民族不可散、文明不可断的共同信念，深刻认识国家统一永远是中国核心利益的核心、一个坚强统一的国家是各族人民的命运所系，坚持团结奋斗，共建美好家园，共创美好未来。

《人民日报》2023 年 6 月 28 日第 9 版

23

深刻理解中华文明突出的统一性

邢广程

在几千年历史长河中，中国形成了统一的多民族、拥有 14 亿多人口而又精神上文化上高度团结统一的国家，这在世界上是独一无二的。习近平总书记在文化传承发展座谈会上将"具有突出的统一性"作为中华文明的突出特性之一，并指出："中华文明的统一性，从根本上决定了中华民族各民族文化融为一体、即使遭遇重大挫折也牢固凝聚，决定了国土不可分、国家不可乱、民族不可散、文明不可断的共同信念，决定了国家统一永远是中国核心利益的核心，决定了一个坚强统一的国家是各族人民的命运所系。"深入学习领会习近平总书记关于中华文明具有突出的统一性的重要论述，对于我们在强国建设、民族复兴的新征程上凝聚起勇往直前、无坚不摧的强大力量具有重大意义。

中华文明突出的统一性的历史表现

习近平总书记指出："在几千年历史长河中，中国人民始终团结一心、同舟共济，建立了统一的多民族国家，发展了56个民族多元一体、交织交融的融洽民族关系，形成了守望相助的中华民族大家庭。"从古至今，各民族都为祖国大家庭的形成和发展贡献了力量。建立了向内凝聚的统一多民族国家和形成了多元一体的中华民族大家庭是中华文明具有突出的统一性的重要历史表现。

建立向内凝聚的统一多民族国家。我国地理特征为西高东低，大江大河多呈"一江春水向东流"之势。这样的地理条件决定了中原地区的黄河流域自然环境比较优越，经济发展较快，文化水平比较先进，能够对周围地区产生辐射力和吸引力。早在先秦时期，我国就逐渐形成了以华夏族为凝聚核心、"五方之民"共天下的交融格局。中原地区的华夏族从黄河中下游向外发展，逐步形成了汉族；生活在中原地区周边的少数民族部落逐步向内聚集，形成了多民族融合互动、向内凝聚的自然历史过程。此后，我国历史上的政治局面大致可以归为三类，即以汉族为主体的统一王朝、以少数民族统治者为主建立的统一王朝、多民族王朝并立，这三类政治局面都表现出极强的向内凝聚特性。以汉族为主体的统一王朝通过中原地区经济、社会和文化的发展，协同和带动周边少数民族发展，形成强大的向内凝聚力；以少数民族统治者为主建立的统一王朝本身就是向内凝聚的产物，这些王朝入主中原后又极大地带动了周边少数民族向内凝聚的趋势；在多民族王朝并立的时期，各并立的王朝都以正统自居，并极力争夺中原地区的"正统"地位，即使在这样的时期，大一统思想依然在起作用，中华文明依然表现出突出的统一性，各民族文化融为一体的内聚性依然在发展。这些历史现象的产生，很重要的一个原因是秦朝实行"书同文，车同轨，量同衡，行同伦"，成为中国统一的多民族国家的重要起点。此后，无论哪个民族入主中原，都以"统一天下"为己任。这表明，在中国历史发展进程中，各民族逐步形成了强大的凝聚力，向内凝聚的结果使中华文明呈现出突出的统一性。

形成多元一体的中华民族大家庭。"多元一体"中的"多元"和"一体"深刻反映了中华民族各民族内在的多样性和统一性之间辩证和谐的共同体关系，恰如其分地反映了中华文明起源和发展的模式。目前我国有 56 个民族，各民族在漫长的历史进程中形成了各自的文化传统，此为"多元"。不过，这些民族从来不是以相互隔绝、相互排斥状态出现的，各民族大杂居小聚居，相互嵌入，具有不可分割的内在联系，形成了共同体，此即"一体"，这就是中华民族。在中华民族共同体中各民族之间你中有我、我中有你，谁也离不开谁，形成了强烈的共同体意识、共同价值追求和文化认同，56 个民族这个"多元"在中华民族这个"一体"中得到充分体现。鸦片战争以后，中国逐步成为半殖民地半封建社会，国家蒙辱、人民蒙难、文明蒙尘，中国人民遭受了前所未有的劫难。一部中国近代史就是各族人民团结起来救亡图存的历史。在外来侵略寇急祸重的严峻形势下，我国各族人民手挽着手、肩并着肩，英勇奋斗，浴血奋战，打败了穷凶极恶的侵略者，捍卫了民族独立和自由，共同书写了中华民族保卫祖国、抵御外侮的壮丽史诗。在中华民族和中华文明的危急时刻，各民族总是能够同仇敌忾、保家卫国，生动体现了中华文明突出的统一性。

中华文明突出的统一性对于中华民族发展的重大意义

一部中国史，就是一部各民族交融汇聚成多元一体中华民族的历史。习近平总书记关于中华文明具有突出的统一性的重要论述，深刻揭示了中华文明突出统一性对于中华民族发展的重大意义，我们要深入学习领会其丰富历史内涵和鲜明时代价值。

中华民族各民族文化融为一体、即使遭遇重大挫折也牢固凝聚。在漫长的历史长河中，中华大地上各民族通过交往互动，逐步形成了水乳交融的和谐关系，共同营造了统一的共有精神家园。这个统一的共有精神家园容纳和融合了各民族各具特色的文化，最终融为一体，并形成中华民族共同体意识。历史上中华民族虽曾遭遇很多挫折，但中华文明始终一脉相承、绵延至今，一个基础性原因就是在中华文明突出的统一性作用下，中华民族各民族拥有"融为一体"的共有精神家园。

中华民族各民族拥有国土不可分、国家不可乱、民族不可散、文明不可断的共同信念。国土是中华民族各民族共同生活、繁衍生息的疆域和空间，是我们前辈世世代代留下来的极其宝贵的不动产。在中国历史上，一切分裂国土的行为都没有好下场，都受到了历史的惩罚。现在和未来，一切妄想分裂国土的行径也都不会有好下场。国家是中华民族各民族共同创造的，是我们共同的家园。在中国历史上，一切搞乱国家的行径都受到了历史的无情审判。现在和未来，一切妄想搞乱国家的行径也必然遭到全体中国人民的反对和谴责。在中国历史上，中国人用血的代价换来的宝贵经验教训是，团结统一是福、分裂动荡是祸。现在和未来，一切妄想拆散民族的行径也一定会遭到历史的惩罚和人民的唾弃。中华文明是世界上唯一绵延不断且以国家形态发展至今的伟大文明。我国先民创造的许多伟大文明成果具有超越时空的永恒价值，现代中国和未来中国必定传承中华文明，必然走自己的文明之路。

国家统一永远是中国核心利益的核心。自公元前 221 年秦朝建立至今的 2000 多年里，统一始终是中国历史的主流。中国历史上的教训时刻提醒着我们：国家分裂必然意味着社会动荡，而社会动荡则是生灵涂炭的开始，绝不能容许国家分裂的历史悲剧重演。当前，实现中华民族伟大复兴进入了不可逆转的历史进程。实现祖国完全统一，是全体中华儿女的共同愿望，是实现中华民族伟大复兴的必然要求。中华文明突出的统一性告诉我们，国家统一过去是、现在是、未来永远都是中国核心利益的核心。

一个坚强统一的国家是全国各族人民命运所系。近代以后的中国历史表明，一个羸弱的国家不可能维护住国家的核心利益，不可能保护好各民族群众，不可能给全体中国人民带来幸福安宁。新中国的成立向世界宣告，中国人民从此站起来了，中华民族任人宰割、饱受欺凌的时代一去不复返了。新中国成立后，中国共产党团结带领全国各族人民实现了中华民族从站起来到富起来的伟大飞跃，迎来了中华民族从富起来到强起来的伟大飞跃。历史经验充分证明，一个坚强统一的国家才能维护国家主权、统一和领土完整，捍卫国家主权、安全、发展利益，才是各族人民利益所系、幸福所系、命运所系。

为深入研究中华文明突出的统一性贡献史学力量

古往今来，历代中国人民都用自己的行动维护着中华文明突出的统一性。面向未来，我国历史研究工作者应不断深化研究，为传承和巩固中华文明突出的统一性贡献史学力量。

做好重大学术问题研究。广大历史研究工作者要坚持以习近平新时代中国特色社会主义思想为指导，全面贯彻落实习近平总书记关于历史研究的系列重要讲话和重要指示批示精神，以重大问题为抓手，做好中华文明突出统一性的学术研究工作。具体来看，我们要进一步回答好中华文明起源、形成、发展的基本图景、内在机制以及各区域文明演进路径等重大问题；深入研究阐释中华文明起源所昭示的中华民族共同体发展路向和中华民族多元一体演进格局；讲清楚中华文明是什么样的文明、中国是什么样的国家，讲清楚中国人的宇宙观、天下观、社会观、道德观，展现中华文明的悠久历史和人文底蕴；等等。

推动创造性转化、创新性发展。我国古代思想家和历史学家所确立的六合同风、九州共贯的大一统思想是中华优秀传统文化中的精华。中华民族始终把大一统视为"天地之常经，古今之通义"，长期的大一统传统塑造了中华文明突出的统一性。在建设中华民族现代文明的进程中，大一统传统和理念具有重要时代价值。中国历史研究院首批重点课题之一《清代国家统一史》，从国家统一的视角客观阐述清代国家实现统一、巩固统一和维护统一的历史进程，较好地体现了大一统思想。我们要继续做好古代大一统思想的深度研究，推动其创造性转化、创新性发展，实现大一统传统与现代国家统一的有机衔接，不断筑牢中国人民国家认同的坚实文化基础。

深入总结历史经验。司马迁在《史记》中将少数民族纳入中国史，随后的历代史著都延续这个体例和传统。这些史著真实客观和系统地记载了中华民族各民族融为一体的历史事实，体现出我国古代史学维护中华文明突出统一性的担当。今天，我们要着力提高中华文明突出统一性的研究水平，整合中国历史、世界历史、考古等方面研究力量，深入总结中华文明和中华民族实现、巩固和维护国家统一的历史经验，揭示维护国家统一的历史规律，把握国家统一的历史趋势，推动有关中华文明突出统一性的历史研究不断走深走实，推出一批有思想穿透力的精品力作。

《人民日报》2023年7月31日第9版

24

融为一体　牢固凝聚

谢　湜

习近平总书记在文化传承发展座谈会上将"具有突出的统一性"作为中华文明的突出特性之一，深刻阐明了这一突出特性对于我们民族、国家、人民的重大意义。相较于世界其他民族发展史，中华文明这种大地域文明还具有如此突出的统一性，是非常难得的。中华文明具有突出的统一性，是多方面因素共同塑造、支撑和传承的结果。其中，有三个方面因素起到了重要作用。

政治地理的理想建构，对中华文明突出的统一性起到了塑造作用。中国最早的地理著作《尚书·禹贡》，记载了大禹治水的开辟之功，以高山大川、江河湖海为地理标识，以河川贡道为联结，划分了冀、兖、青、徐、扬、荆、豫、梁、雍"九州"。在治水分州的基础上，《禹贡》又描绘了一套以王畿为中心、由近及远、渐次而成的甸、侯、绥、要、荒"五服"体系，提出以方五百里或千里的整齐划一尺度治理天下的政治理想，以期实现"九州攸同，四隩既宅，九山刊旅，九川涤源，九泽既陂，四海会同。六府孔修，庶土交正，厎慎财赋，咸则三壤，成赋中邦"的境界。《禹贡》中的"九州"，是中国历史上影响最为深远的政治地理建构，其擘画的九州共贯、多元一体的天下大一统格局在中国政治思想史上具有举足轻重的地位，蕴含着中华民族追求团结统一的国家观，寄托着济世经邦之士"先天下之忧而忧，后天下之乐而乐"、视国家和民族利益为根本的大一统家国情怀。

治理制度的演进形成了上下贯通的凝聚力，对中华文明突出的统一性起到了支撑作用。作为完整拥有黄河、长江两条大河的大地域文明，中华文明具备适合农业开发和国家延续发展的充分必要条件。历代王朝国家和历史上各民族建立的政权，都曾在这片大地域上探寻稳定的人地关系和制度模式，以期发展农业、繁衍人口、延续文化、稳固边疆。秦汉王朝的疆域，已奠定了统一多民族国家疆域的基础。自秦汉开始推行的郡县制行政区划体系，总体上为历代所遵奉。历代王朝根据疆域规模、职官制度的具体情况，对行政区划进行了不同程度的合理化调整，并对行政体制加以改革。从体国经野、设官分职到逐步完善的选拔制度，治理制度的演进能够为国家选拔人才，再通过体系化的职官制度将一批批官员派驻辽阔疆域的各个角落，确保中央的决策和政令得以达至基层、远及边疆。随着朝代更迭和疆域拓展，这片广袤大地的各个区域得到不同程度的开发，地区间的经济、文化联系不断加深，各族人民互动日益频繁。

一方面，中原地区的政权往往会选择以达济天下为国家追求，建立一统的统治秩序，并根据边疆治理实际情况，因地制宜、因势利导，建立相应的管理体制，选择能够实现疆土稳固和民族团结的国家经略。另一方面，各民族在迁徙、定居过程中也开拓着疆土、稳固着边疆，并与中央王朝及其他民族地区进行政治、经济、文化的互动，各民族的交流交往交融不断加深，统一多民族国家的根基不断强化。

地域文化的认同形成了源源不断的向心力，对中华文明突出的统一性起到了传承作用。尽管大一统的中国历史发展具有内在一致性，但也应看到，其中相互密切联系的区域在发展上存在着较大差异。大一统的政治体系归根到底需要通过稳固的地域文化认同得以确立和传承。新的王朝建立之后，地方政府就面临着重整户籍、清理财政、稳定秩序等艰巨任务。在这个过程中，各地民众常常依托社会组织和地方乡贤士绅等，重建集体记忆，通过各种民间文本的历史叙事，既强调旧制传统，又适应新政改变，对社会组织加以维系和更新，确认并保护其资源、权利。在新的行政区划得以建立的过程中，地域社会的差异性逐渐被纳入国家制度的统一性。与此同时，许多外来的文化元素也被吸纳到本土化、统一性的地域文化建构中。从文化意义上领悟这种包容多元的统一性，才能理解为何中国历史上多次遭受变乱和挑战，但统一的国家始终存续。此外，"书同文，车同轨，量同衡，行同伦"这类维护国家大一统的理念和举措，不仅仅着眼于技术化的标准制定，更以知识和制度的方式，对地域社会历史发展的内在不平衡性以及朝代更迭所带来的各地域间的矛盾加以调适。这样的调适为地方经济的发展、知识和技艺的传播带来了便利，从而促进了社会的进步。在此基础上形成的制度文化和国家认同，通过源远流长、未曾间断的传世典籍以及口耳相传、日用不觉的礼仪习俗，将生生不息、繁盛多元的地域文化牢固地凝聚成博大精深、根深叶茂的中华文明。在这一历史进程中，统一性逐渐成为中华文明的突出特性。

《人民日报》2023 年 7 月 31 日第 9 版

25

修齐治平　兴亡有责

家国情怀激发向心力和凝聚力

朱　浒

习近平总书记在文化传承发展座谈会上指出："中华文明具有突出的统一性"。这是深入考察中国历史发展进程得出的重要论断。自春秋时期萌生大一统观念后，在 2000 多年的历史演进中，虽然统一与分裂的局面交织出现，但是统一多民族国家的形成与发展始终是历史大趋势。特别是到了明清时期，国家统一的局面既是政治的需要，也是经济和文化发展的必然结果。深刻把握中华文明突出的统一性，就要充分认识中华优秀传统文化在其中的作用，全面理解修齐治平、兴亡有责的家国情怀所激发的向心力和凝聚力。

家国情怀是中华优秀传统文化的重要内容，其价值观基础是家国一体、家国同构。西周时期，族权与政权的结合使得家与国具有相同的内在文化机理和社会功能，形成了家国一体的政治伦理。西周之后，这种政治伦理主要在儒家思想的倡导下，进一步实现系统化理论化。《论语》说："有国有家者，不患寡而患不均，不患贫而患不安。"孟子说："天下之本在国，国之本在家，家之本在身。"《大学》进一步引申出"修齐治平"的说法："古之欲明明德于天下者，先治其国；欲治其国者，先齐其家；欲齐其家者，先修其身"。汉代以后，基于这些重要思想而形成的家国同构秩序，成为历代王朝奉行不悖的治理模式。

更为重要的是，这种家国一体、家国同构的观念，经由士大夫阶层的传承和弘扬，形成了家国情怀，这种家国情怀是认同中华文明、维护中华文明的一种强烈表达。唐代韩愈所谓："大夫文武忠孝，求士为国，不私于家"；宋代陆游临终前赋诗："王师北定中原日，家祭无忘告乃翁"；明代王阳明所说："大人者，以天地万物为一体者也，其视天下犹一家，中国犹一人焉"；顾炎武在明亡之后宣称："保天下者，匹夫之贱与有责焉耳矣"。可以说，这种家国情怀是中国传统社会爱国主义精神的思想基础。

在充斥着内忧外患的近代中国，正是以家国情怀为基础的爱国主义精神，转化为中华民族反抗西方列强侵略的重要精神武器，成为中国人民维护国家统一、维护中华文明统一性的强大精神动力。尤其是在中华民族到了最危险的时候，家国情怀对中华民族大家庭观念的兴起、爱国主义精神的高扬发挥了重要作用。20世纪初以后，为配合日本军国主义势力对中国的侵略图谋，日本一些人不断制造分裂中国、否认中华民族为统一体的各种论调。为了反击文化入侵，中国知识分子以强烈的家国情怀对种种谬论进行有力驳斥。例如，大力宣传"黄帝子孙""炎黄子孙"，不断强化关于中华民族共同祖先的认同，使得这种带有全民族泛血缘或象征性血缘关系的文化符号，在全面抗战时期在中国广泛传播并得到多民族、多种政治派别的高度认同。一些学者提出中国境内的诸多民族同为一家的说法，如熊十力认为中华民族"如一家昆季，分言之，则有伯仲；统称之，则是一家骨肉也"。此外，以顾颉刚、傅斯年等为代表的知识界人士，发动了关于"中华民族是一个"的声势浩大的讨论，有力彰显了中华民族的整体性特征。这种中华民族大家庭意识的凝聚与广泛流传，激发了全民族抗战的强大精神动力，对挽救国家危亡起到了重要作用，也对维护中华文明的统一性作出了重要贡献。

中国共产党成立 100 多年来，始终高度重视家国情怀对于铸牢中华民族共同体意识的重要作用，推动家国情怀深深融入中华民族的血脉之中。在中国共产党的领导下，中华民族伟大复兴迎来了前所未有的光明前景。"五十六族兄弟姐妹是一家，五十六种语言汇成一句话，爱我中华"，唱出了各民族的心声，成为时代强音。习近平总书记强调："我国 56 个民族都是中华民族大家庭的平等一员，共同构成了你中有我、我中有你、谁也离不开谁的中华民族命运共同体。"在强国建设、民族复兴的新征程上，我们要牢固树立中华民族共同体意识，厚植家国情怀，深刻认识中华文明突出的统一性从根本上决定了中华民族各民族文化融为一体、即使遭遇重大挫折也牢固凝聚，决定了国土不可分、国家不可乱、民族不可散、文明不可断的共同信念，决定了国家统一永远是中国核心利益的核心，决定了一个坚强统一的国家是各族人民的命运所系，让家国情怀在中华民族现代文明的建设中得到进一步升华。

《人民日报》2023 年 7 月 31 日第 9 版

26

中华文明具有突出的包容性

林文勋

海纳百川，有容乃大。文明的繁荣、人类的进步，离不开求同存异、开放包容，离不开文明交流、互学互鉴。中华文明自古就以开放包容闻名于世。在文化传承发展座谈会上，习近平总书记指出："中华文明的包容性，从根本上决定了中华民族交往交流交融的历史取向，决定了中国各宗教信仰多元并存的和谐格局，决定了中华文化对世界文明兼收并蓄的开放胸怀。"中华文化源远流长，中华文明博大精深，得益于中华文明具有突出的包容性，能在同其他文明互通有无、交流互鉴中不断焕发新的生命力。中华文明突出的包容性，体现为求同存异、和合共生、兼收并蓄的文化品格，表现在我国各民族交往交流交融的历史中、中外文明交流互鉴的历史中。

　　一部中国史就是一部中华大地上各民族交往交流交融的历史。我国古代先民很早就乘舟车之利，纵贯南北、沟通东西，绘就了各民族交往交流交融的壮美文明画卷。可以说，中华民族的形成和发展，就是各民族交往交流交融的结果。先秦时期，形成了"五方之民"共天下的交融格局，推动形成了强盛的秦汉王朝。魏晋南北朝时期虽然战乱频仍，但各民族交往交流交融不论是广度还是深度都超乎以往。隋唐时期经济社会发展又进一步促进了各民族交往交流交融。宋元时期，各民族交往交流交融进入新阶段，为明清两代的强盛奠定了基础。历史表明，各民族的交往交流交融带来了国家强盛，而国家强盛又促进了各民族的交往交流交融。在长期的交往交流交融过程中，各民族相互认同、相互借鉴，逐渐形成中华民族共同体。在中华民族大家庭里，各民族休戚与共、荣辱与共、生死与共、命运与共，这是千百年来各民族交往交流交融历史得出的基本结论。各民族交往交流交融是广泛、全面、深度的，既有经济交流，也有政治交流，还有文化交流等。正是这种交往交流交融，推动形成了中华民族独特的生产生活方式，形成了中华文明兼容并包的特点，也成就了中华文明的源远流长、根深叶茂。

　　习近平总书记强调："中华文明是在中国大地上产生的文明，也是同其他文明不断交流互鉴而形成的文明。"中华文明对待外来文明从来不是以邻为壑而是以邻为友，不是对立对抗而是交流互鉴。例如，《左传》说"亲仁善邻，国之宝也"，《礼记·中庸》说"万物并育而不相害，道并行而不相悖"，阐释的都是这个道理。从先秦时期青铜器上的异域元素，到汉唐时期在丝绸之路沿线流行的胡乐胡舞，再到宋元时期跨海而来的番客番舶，这些外来文化不断融入中华文明之中，成为中华文明不断发展壮大并赓续至今的重要源泉。"各美其美，美人之美，美美与共，天下大同。"构建人类命运共同体理念的重要思想根基，正在于中华文明开放包容的内在特质。

中华民族是一个兼收并蓄、海纳百川的民族。中华文明具有强大的生命力、凝聚力和创造力，是由其突出的包容性等特质所决定的。在长期的历史演进中，中华文明与世界其他文明不断碰撞、交流、融合，在取长补短、择善而从、兼收并蓄中丰富发展。可以说，中华文明的发展史，就是一部中华优秀传统文化不忘本来、吸收外来、面向未来的发展史。新时代新征程，我们要继续秉持开放包容，坚持马克思主义中国化时代化，传承发展中华优秀传统文化，促进外来文化本土化，不断培育和创造新时代中国特色社会主义文化。要尊重世界文明多样性，坚持文明平等、互鉴、对话、包容，以文明交流超越文明隔阂、文明互鉴超越文明冲突、文明包容超越文明优越，让文明交流互鉴成为推动人类文明进步的重要动力，推动建设一个开放包容的世界。

《人民日报》2023 年 6 月 30 日第 9 版

27

深刻理解中华文明突出的包容性

王学典

习近平总书记在文化传承发展座谈会上指出："中华文明的包容性，从根本上决定了中华民族交往交流交融的历史取向，决定了中国各宗教信仰多元并存的和谐格局，决定了中华文化对世界文明兼收并蓄的开放胸怀。"中华文明为什么会具有突出的包容性？其原因可以从多方面进行分析，从中华民族悠久的历史发展进程和厚重的文化底蕴来找寻答案是其中一个重要方面。中华文明孕育发展所处的独特地理环境，有助于形成具有强大向心力和凝聚力的主体文化。中华民族长期高度发达的文化，有助于形成强大文化定力和文化自信。正是由于这种文化主体性和文化自信，让包容性成为中华文明的突出特性。

文明交融的悠久历史

考察人类文明发展进程特别是早期进程可以发现，地理环境往往是影响文明发展的重要因素。中华文明具有突出的包容性，与其发展所处的独特地理环境密切相关。

中华文明是世界上唯一绵延不断并以国家形态发展至今的伟大文明。我国有百万年的人类史、一万年的文化史、五千多年的文明史。中华文明在起源和早期演化阶段，就孕育产生兼收并蓄、向内凝聚的文明基因，为文明多元一体发展奠定基础。这与我国独特的地理环境有很大关系。我国周边为海洋、高山、草原、荒漠等，东中部地区有幅员广阔、资源丰富的平原与盆地。这样的地理环境自成一体。在我国内部，地貌复杂、生态多样，许多地区农业生产条件优越，利于人口聚集，形成了整体互补、相对自足的地理格局。

距今一万年前，中国辽阔大地上就开始出现星星点点、独立发展的早期文化。在新石器时代，这些各具特色的区域文化已颇具规模。比较有代表性的如黄河上游的马家窑文化、黄河中下游的中原龙山文化、海岱地区的大汶口文化、长江中游的屈家岭—石家河文化、长江下游的良渚文化以及华南各地方文化等。随着生产进一步发展、人口不断增加，一些区域文化出现某些国家的初始形态，呈现"万邦林立"的局面。分散的早期文明各自向更高层次发展，同时相互之间逐渐有了复杂的互动交流。这种交流让人们意识到，和平相处、互相学习可以获得更好的发展。因此，在中华文明早期发展进程中，不同地区文明聚落相互包容协商、文化交流融合，就成为处理相互关系的理性选择。

后来，由于中原华夏文明所处地理位置和资源相对优越，不断吸纳、融合周边族群与文化，形成了具有强大向心力和凝聚力的文化。这种文化对其他文化具有较强吸引力，呈现出周边向中心汇聚、内部自足更新的发展态势。这种态势被学界形象地称为"重瓣花朵式"结构，而中原文化就是整朵花的"花心"。《尚书·尧典》记载了帝尧时代"协和万邦"的情境。这种"协和"很大程度上是通过文化影响的扩大而非武力征服实现的。可以看出，文明的交流融合促进中华文明多元一体发展，并在这种发展进程中更加凸显和平性、包容性。

文化发展的自信开放

中华文明所具有的突出包容性，与文化长期高水平发展、领先于世有很大关系。这种文化发展状况塑造出高度文化自信和开放包容心态。《左传·哀公七年》对大禹时代"涂山之会"的记载中说"执玉帛者万国"，意思是许多文明对中原文明表现出景仰。从中可以看出，在那个时代不同文明相互交流是实实在在存在的。

到了殷周时代，中华文明已经发展出较为完备的文字体系和成熟的礼乐文化。系统而完整的西周礼乐制度，从礼器到乐器等，形成了严格的使用规制，对后世影响深远，周礼文化也与其他地方文化不断融合。先秦时代百家争鸣，不同流派提出各种思想，相互争论又相互学习，使得那个时代学术思想大放异彩。后世许多思想的核心内容在那个时代萌发，中国成为古代轴心文明发祥地之一。秦汉以后，中国逐步建立起长期稳定的大一统国家，发展出在古代社会较为先进的政治制度和相对完备的治理体系。高度发达的文化、统一稳定的国家、治理有效的制度、勤劳坚毅的民众，加上得天独厚的农业生产条件和历代"以农为本"的基本国策，让中华文明在人口数量、经济实力、政治发展和思想文化上长期领先于世界，不仅对周边少数民族保持着巨大吸引力，对亚洲和世界文明进步也作出巨大贡献，产生深远影响。

中华文明长期高度发达、绵延不断，让中华民族从未向外部敌人屈服，也发展出鲜明的文化主体意识和开放包容的文化心态。这种心态并不是盲目的文化优越和文化自大，而主要表现为对如何看待天下、如何与天下共处的一种自信博大胸怀。在古人眼里，天下为公、大同社会是理想，天下是一家人，文化上认同就可以和平相处。这样的心态彰显着宽广视野、博大境界。"行天下之大道""抱一为天下式""一同天下之义"等主张，为文化兼收并蓄提供了思想理论支持。

习近平总书记指出："只有充满自信的文明，才会在保持自己民族特色的同时包容、借鉴、吸收各种不同文明。"我国是一个统一的多民族国家，在中华民族大家庭里，各民族在长期历史演进中不断交往交流交融，在文化上相互学习借鉴，逐步形成休戚与共、荣辱与共、生死与共、命运与共的共同体，共同塑造了灿烂的中华文明。中华文明长期高度发达并具有文化自信，不仅能消解外来文化的冲击、入侵，而且能发展出强大的学习能力和适应能力，通过吸纳多地区、多民族的不同文化，融会贯通、浑然一体，促使民族文化不断新陈代谢、创新发展。佛教传入中国后形成中国佛教，西方的天文、数学传入中国，等等，这些例子说明历史上不断有各种文化元素融入中华文明，彰显着中华文明开放包容的内在特质，也成为中华文明永葆生机活力的一个重要原因。

天下大同的传承弘扬

中华文明具有突出的包容性，还与古代中国形成的四海一家的天下大同理念有着深刻关联。在古代社会，治理中国这样一个幅员广、多民族的超大型国家，具有相当大的难度。历朝历代都采取各种措施来促进统一多民族国家的发展。其中，文化上的包容接纳也是一种有效手段。

中国人很早就有天下大同理念，提出"以德服人""有容乃大"的理念，"同归而殊途，一致而百虑""同则相亲，异则相敬"的价值取向。狭隘的种族、地域等观念，从来都不是中华文明的主流。"太平"之世是一种政治理想，是一个天下大同、四海一家的大一统社会。文化是维系这种太平的重要纽带，提倡统治者致力于使"声教讫于四海"，"远人不服，则修文德以来之"，用道德教化、文化影响而非武力征服来维护天下稳定。对于思想和文化的差异，应以博大胸怀"通万方之略"，抱持"道并行而不相悖"的理念，以"和而不同"的态度处理文明之间的关系。

同时，中国人主张文化之间相互交流学习。西周末年，史伯就提出"和实生物"，认为"以他平他谓之和"。这意味着"他"不能是单一的，而是多元的。如果单一就是"同"，而"同则不继"，是难以发展的。多元要素之间通过互动、互补达到平衡、和谐状态。

这种观念深刻影响后世。例如，儒释道三大文化形态，在中国传统文化发展过程中相互交融、取长补短、共同发展，而不是以消灭对方为目的，充分体现了"和而不同"。

习近平主席在印度世界事务委员会上指出："以和为贵、和而不同、化干戈为玉帛、天下大同等理念在中国世代相传。"正因为拥有这种大度开放包容的精神，中华文明能够不断接纳、融合不同民族和文化传统，不断消化吸收外来文明精华，在多民族文化融合和中外文化交汇中不断发展壮大。

在今天全球化和多元化的世界中，中华文化这种"和而不同"的融合传统具有重要意义。带着对"和而不同"的深刻理解，中国共产党始终以世界眼光关注人类前途命运，从人类发展大潮流、世界变化大格局、中国发展大历史来认识和处理同外部世界的关系。坚持世界是丰富多彩的、文明是多样的理念，推动不同文明交流交融，促进世界各国相互理解与信任，夯实共同构建人类命运共同体的人文基础，这正是中国共产党胸怀天下的体现。历史充分证明，坚持兼容并蓄、开放包容，人类文明才能不断发展繁荣。不同文明只有加强对话、互学互鉴，人类文明才能熠熠生辉。我们要尊重人类文明的多样性，推动不同文明各美其美、美美与共，共同建设开放包容的世界，携手促进人类文明进步。

《人民日报》2023 年 8 月 7 日第 9 版

28

中华民族交往交流交融的历史取向

蒙 曼

　　江流九派，百川归海。千百年来，各民族不断的交往交流交融为中华文明发展增添无尽的生命力。在文化传承发展座谈会上，习近平总书记指出："中华文明的包容性，从根本上决定了中华民族交往交流交融的历史取向，决定了中国各宗教信仰多元并存的和谐格局，决定了中华文化对世界文明兼收并蓄的开放胸怀。"

　　历史发展有其规律。历史取向表现为一种经过实践反复验证、为历史主体所主动选择的正确方向。在中华民族发展过程中，各民族之间的交往交流交融是不断进行的历史事实，也是各民族人民共同认可的一种价值取向。

　　新石器时代，中华大地上的古文化有如满天星斗，交相辉映。距今约 3800 年至 3500 年，晋南豫西形成更具包容力和影响力的二里头文化。学术界认为，二里头遗址应该就是夏朝的都城所在地。夏之后，出身东夷的殷人在此基础上建立了更加恢宏博大的殷商文化。源自西北而又与羌、戎部族有着密切关系的周人继之而起，发展了影响深远的礼乐文明。夏商周三代是中国历史上极为重要也极为辉煌的时代。三代的历史，也正是各部族交往交流交融的历史。这段历史，不仅奠定了早期中华文明的核心区域，而且较早确立起中华文明海纳百川的文化精神。

秦统一中国，建立起书同文、车同轨、量同衡、行同伦的大一统政权，不仅有效巩固了春秋战国五方之民互融互鉴的历史成果，而且为中华各民族在新的历史条件下交往交流交融提供了更为广阔的历史舞台和更为有力的制度保障。魏晋南北朝时期，战乱频仍和社会动荡是历史的一面，而另一面则是既广且深的民族融合。经过波澜壮阔的民族大融合，匈奴、鲜卑等一批古代民族融入中原，他们的民族文化也汇入了中华文化的洪流。正是在民族大融合、文化大交汇的基础上，一个国土广袤、典章焕然、精神振拔的大唐盛世屹立于世。不仅仅是魏晋南北朝时期，中国历史上各个时期不断有新的民族融入统一的多民族国家，不断有新的生产技术得到发明和运用，不断有新的文化融入中华文明血脉，中华民族也因此日益发展壮大。

在中华各民族不断交往交流交融的过程中，一代又一代中华儿女东奔西走、南来北往，走出了中国历史上几条著名的走廊，如河西走廊、辽西走廊等。这些走廊既是民族迁徙交流的通道，也是经济文化交往交融的通道。它们犹如一条条粗壮的血管，把中国的山山水水连在了一起，也让中华各民族的心跳在了一起、血流在了一起。

在漫长的历史发展过程中，各民族之间的交往交流交融也彰显出中华民族共融共通的价值取向。中华文化不提倡故步自封，而是讲究兼收并蓄，坚持有容乃大。先秦儒家经典《论语》开篇有云："学而时习之，不亦说乎？有朋自远方来，不亦乐乎？"这深刻反映出中华民族热爱学习、善于交往、乐于共享的文明底色。战国时期赵武灵王胡服骑射传为佳话，北魏孝文帝的汉化改革也被视为雄才大略的"圣人之道"。唐代文成公主和金城公主和亲，给青藏高原带去了谷物种植技术、汉文典籍以及佛教造像。唐代诗人陈陶在《陇西行》中感慨道："自从贵主和亲后，一半胡风似汉家。"与此同时，藏文化也潜移默化地影响中原，白居易诗云："圆鬟无鬓堆髻样，斜红不晕赭面状。"长安仕女的时髦妆容就源自对吐蕃妇女的效仿。元代女纺织家黄道婆流落海南，向黎族人民学习纺织技术，进而在长三角地区推广传播，这是交流促成创新的生动例证。正是在这种长期而频繁的交往交流中，各民族血脉交融，逐步形成牢不可破的中华民族共同体，共同开发了祖国的锦绣河山、广袤疆域，共同创造了悠久的中国历史、灿烂的中华文化。

各民族交往交流交融是中华民族团结统一的重要基础。习近平总书记指出："各民族之所以团结融合，多元之所以聚为一体，源自各民族文化上的兼收并蓄、经济上的相互依存、情感上的相互亲近，源自中华民族追求团结统一的内生动力。"我国长期是统一的多民族国家，各民族丰富多彩的文化形态是中华文明不断创新发展的宝贵资源和突出优势。各民族长期交往交流交融，不仅形成了你中有我、我中有你的格局，而且形成了休戚与共、荣辱与共、生死与共、命运与共的共同体理念。正因为如此，在近代以后遭遇重大挫折的时候，各民族才能紧密团结、相互支援，共同筑起中华民族新的长城。文化认同是最深层次的认同，是民族团结之根、民族和睦之魂。我们要促进各民族交往交流、团结融合，着眼于增强中华民族共同体意识，引导各族群众牢固树立正确的祖国观、民族观、文化观、历史观，不断巩固全国各族人民大团结，全面推进中华民族共有精神家园建设，汇聚起强国建设、民族复兴的强大合力。

《人民日报》2023 年 8 月 7 日第 9 版

29

博大精深　历久弥新

中华文化具有兼收并蓄的开放胸怀

冯颜利

兼收并蓄是一种智慧。韩愈在《进学解》中讲："玉札丹砂，赤箭青芝，牛溲马勃，败鼓之皮，俱收并蓄，待用无遗者，医师之良也。"这是说高明的医师会把不同类型的东西都收存起来以备不时之需，有兼而有之、兼容并包之意。兼收并蓄也是一种胸怀。体现在文化上就是保持开放心态，积极借鉴人类文明一切优秀成果，博采众长、为我所用。

习近平总书记在文化传承发展座谈会上指出："中华文明具有突出的包容性""决定了中华文化对世界文明兼收并蓄的开放胸怀"。中华文化的这种开放胸怀具有深厚历史底蕴，在新的时代条件下不断彰显，为文明发展拓展了广阔前景。

中华文化自古就有兼收并蓄的开放胸怀。中华文明是世界上唯一绵延不断并以国家形态发展至今的伟大文明。对世界不同文明兼收并蓄，为文明发展不断注入活水，是成就中华文明绵延不断的重要原因之一。中外文化交往、文明交流的故事不胜枚举。2100 多年前，汉代使者张骞自长安出发，出使西域，开始打通东方通往西方的道路，此后一条横贯东西、联结欧亚的古丝绸之路逐渐开辟出来。这条路成为经贸往来之路，也成为不同文明交流互鉴之路。唐代僧人玄奘西行求法，往返 17 年，带回佛教经典 600 多部，并积极进行翻译传播。佛教在中国长期演化，儒释道三教合流，给中国人的宗教信仰、哲学观念、文学艺术、礼仪习俗等留下深刻影响。明代徐光启与来到中国的西方学者利玛窦共同翻译《几何原本》，被认为是西方科学传入中国的象征之一。明清时期，一批精通儒释道的伊斯兰学者，将伊斯兰文化与儒家文化结合，对促进伊斯兰教中国化产生了深远影响。

中华文化具有兼收并蓄的开放胸怀，有着深刻的历史原因。古代中国有超大规模的人口与地域，经济发展水平长期领先，与其他国家和地区经贸往来频繁，最突出的就是形成了陆上丝绸之路与海上丝绸之路。这些经贸往来，不仅促进了经济繁荣，而且带来了中国与其他国家科技、文化、艺术的交流交融。同时，中华"和"文化中的一个重要理念就是以和为贵、协和万邦，主张不同国家和平相待、和睦相处。中国人以天下看待世界，认为天下理应一家。古代不少统治者也都看到，国家之间合作交往远比征伐战争更有利于稳定和发展。此外，中国古代经世致用的思想，倡导"知行合一、躬行为务"，反对空谈，主张解决实际问题。因此，对社会发展有利、对民生改善有效的方法和手段都可以学习，可以拿来为我所用。这样就形成一种致用为上、积极进取的心态。当人们接触到国外优秀文化、制度、艺术时，就更加愿意去学习借鉴。

到了近代，马克思主义传入中国，给古老中华文明注入新的活力。中华文化兼收并蓄的开放胸怀与马克思主义的世界眼光、全球视野和全世界无产者联合起来的开阔胸怀具有高度契合性。中华优秀传统文化包含着天下为公的大同理想、民为邦本的民本思想、修齐治平的家国情怀、"天行健，君子以自强不息"的奋斗观念、知行合一的实践哲学等，这些思想观念、价值追求与马克思主义理论具有高度契合性。这种高度契合性为马克思主义同中华优秀传统文化相结合提供了条件。中国共产党人将马克思主义作为自己的信仰，深刻把握这种契合性，把马克思主义基本原理同中华优秀传统文化相结合，让马克思主义成为中国的，用真理力量激活古老文明，不断推动中华优秀传统文化创造性转化、创新性发展。

习近平主席在亚洲文明对话大会开幕式上指出："中华文明是在同其他文明不断交流互鉴中形成的开放体系。从历史上的佛教东传、'伊儒会通'，到近代以来的'西学东渐'、新文化运动、马克思主义和社会主义思想传入中国，再到改革开放以来全方位对外开放，中华文明始终在兼收并蓄中历久弥新。"中华文化始终以兼收并蓄的开放胸怀与其他文化交流交融，不仅造就了丰富多彩的中华文明，而且为人类文明贡献了中华文化宝藏。

人类社会走向冲突还是繁荣，很大程度上取决于如何对待不同文明之间的差异。中华文明兼收并蓄的胸怀、博采众长的态度对于促进人类文明进步具有重大意义。中国共产党立志于为人民谋幸福、为民族谋复兴，为世界谋大同、为人类谋进步，弘扬和平、发展、公平、正义、民主、自由的全人类共同价值，倡导尊重世界文明多样性，以文明交流超越文明隔阂、文明互鉴超越文明冲突、文明包容超越文明优越，促进各国人民相知相亲，携手促进人类文明进步。

习近平总书记指出："交流互鉴是文明发展的本质要求。"我们要通过深化人文交流互鉴消除隔阂与误解、促进民心相通，推动构建全球文明对话合作网络，丰富交流内容，拓展合作渠道，努力架起人与人之间情感沟通的桥梁，拉紧国与国之间加深理解和信任的纽带，共同建设一个开放包容的世界。继续保持兼收并蓄的开放胸怀，不忘本来、吸收外来、面向未来，立时代之潮头、发时代之先声，我们一定能不断创造中华文化新的辉煌，建设中华民族现代文明，推动建设更加美好的世界。

《人民日报》2023 年 8 月 7 日第 9 版

30

中华文明具有突出的和平性

胡德坤

有着五千多年历史的中华文明，始终崇尚和平、和睦、和谐的价值追求。习近平总书记在文化传承发展座谈会上将"具有突出的和平性"列为中华文明的五个突出特性之一，对于我们全面深入了解中华文明的历史、共同努力创造属于我们这个时代的新文化具有重要指导意义。中国历史上曾经长期是世界上最强大的国家之一，但没有留下殖民和侵略他国的记录。今天的中国坚持走和平发展道路，是对中华民族和平、和睦、和谐文化传统的继承和发扬。

从"天下一家"到推动构建人类命运共同体，中国始终是世界和平的建设者。习近平总书记在二〇二一年新年贺词中指出："大道不孤，天下一家。经历了一年来的风雨，我们比任何时候都更加深切体会到人类命运共同体的意义。"天下一家"是中华优秀传统文化中天下观的重要内容，强调要视天下人为一家，和睦相处。构建人类命运共同体，就是要把每个民族、每个国家的前途命运紧紧联系在一起，风雨同舟、荣辱与共，要把我们生于斯、长于斯的这个星球建成一个和睦的大家庭。当前，世界又一次站在历史的十字路口，人类社会面临前所未有的挑战。面对"世界向何处去、人类怎么办"的时代之问，习近平总书记提出构建人类命运共同体理念，为建设更加美好世界提供中国方案，推动不同社会制度、不同意识形态、不同历史文化、不同发展水平的国家在国际事务中利益共生、权利共享、责任共担，形成共建美好世界的最大公约数。构建人类命运共同体理念是对"天下一家"天下观的传承发展，已成为引领时代潮流和人类文明进步方向的鲜明旗帜。

从"天下大同"到为世界谋大同，中国始终是全球发展的贡献者。习近平主席 2018 年在会见联合国秘书长古特雷斯时指出："我们所做的一切都是为人民谋幸福，为民族谋复兴，为世界谋大同。"2013 年至 2021 年，中国对世界经济增长的平均贡献率达到38.6%。同时，我国认真履行国际义务，积极做好对外援助工作。新冠疫情期间，我们发起了新中国成立以来援助时间最集中、涉及范围最广的紧急人道主义行动，为全球疫情防控注入源源不断的动力。此外，我国一直努力为国际社会提供更多公共产品，积极回馈国际大家庭。共建"一带一路"成为深受欢迎的国际公共产品和国际合作平台，为各国经济发展、民生改善带来实惠。今天，"天下大同"的愿景已经转化成为为世界谋大同的行动，中国以自己的发展为世界的发展注入强劲动力，积极为全球发展作贡献。

从"协和万邦"到构建以合作共赢为核心的新型国际关系，中国始终是国际秩序的维护者。习近平主席在亚太经合组织工商领导人峰会上指出："中国人民讲求以和为贵、协和万邦。""协和万邦"就是要使各个国家都能和谐相处，"协和万邦"是中国"和"文化的重要内容。习近平总书记将"协和万邦"的和平、和睦、和谐相处思想引申到当今国际关系中，提出构建以合作共赢为核心的新型国际关系。在第七十届联合国大会一般性辩论会上，习近平主席指出："我们要继承和弘扬联合国宪章的宗旨和原则，构建以合作共赢为核心的新型国际关系，打造人类命运共同体。"作为国际秩序的维护者，我国坚定维护以联合国为核心的国际体系、以国际法为基础的国际秩序、以联合国宪章宗旨和原则为基础的国际关系基本准则，既始终高举和平、发展、合作、共赢的旗帜，同各国发展友好合作；又秉持相互尊重、公平正义、合作共赢原则，推动全球治理朝着更加公正合理的方向发展。

历史和实践都表明，中华文明具有突出的和平性，从根本上决定了中国始终是世界和平的建设者、全球发展的贡献者、国际秩序的维护者，决定了中国不断追求文明交流互鉴而不搞文化霸权，决定了中国不会把自己的价值观念与政治体制强加于人，决定了中国坚持合作、不搞对抗，决不搞"党同伐异"的小圈子。

《人民日报》2023 年 7 月 3 日第 9 版

31

深刻理解中华文明突出的和平性

王 杰

有着五千多年历史的中华文明，始终崇尚和平。和平、和睦、和谐的追求深深植根于中华民族的精神世界之中。习近平总书记在文化传承发展座谈会上指出："中华文明具有突出的和平性"。在中华文明中，"以和为贵""和而不同""睦邻友邦""天下太平""天下大同"等理念世代相传。和平性是中华文明思想理念的精华，是中华民族深沉的精神追求，也是建设更加美好世界的必然要求。

诸多元素塑造出中华文明的和平性

古往今来，中华民族之所以在世界有地位、有影响，不是靠穷兵黩武，不是靠对外扩张，而是靠中华文化的强大感召力和吸引力。中华优秀传统文化是中华文明的智慧结晶，其诸多元素共同塑造了中华文明的和平性。

厚德载物、明德弘道的精神追求，为塑造中华文明的和平性提供了精神支撑。《周易》中说"地势坤，君子以厚德载物"，意为大地的气势宽厚和顺，君子应以宽厚之德对待天下民众和事物。《大学》开篇讲"大学之道，在明明德"，《论语》中讲"人能弘道，非道弘人"，激发人们弘扬光明正大的德性，自觉把"道"弘扬光大。这种厚德载物、明德弘道的精神追求，经过中华儿女的践行传承与历史长河的淘洗积淀，形成了"己所不欲，勿施于人""己欲立而立人，己欲达而达人"这种"推己及人"的人己关系准则，以道德秩序构造出一个群己合一的世界。

天下为公、天下大同的社会理想，为塑造中华文明的和平性提供了理想支撑。《礼记·礼运》中说："大道之行也，天下为公""人不独亲其亲，不独子其子，使老有所终，壮有所用，幼有所长，矜、寡、孤、独、废疾者皆有所养""是故谋闭而不兴，盗窃乱贼而不作，故外户而不闭，是谓大同"，推崇天下为公的治世之道，倡导公共意识、公共道德，引导人们超越个体、休戚与共，各有所养、各尽所能，胸怀天下、谋求大同。中国古人讲，"天下非一人之天下也，天下之天下也""四海之内，皆兄弟也"，认为"天下"并不是个别人、个别国家、个别民族的天下，而是所有人、所有国家、所有民族的天下，表达出所有人、所有国家、所有民族都应平等相待、友好相处、守望相助的愿望和理想。

讲信修睦、亲仁善邻的交往之道，为塑造中华文明的和平性提供了实践支撑。"讲信修睦"源自《礼记·礼运》，讲的是要相互讲信守义、建立和睦关系；"亲仁善邻"出自《左传·隐公六年》，讲的是要亲近仁道、友善邻国，这是治理国家的方略。中华文明是推崇信义、和睦、仁道、友善的伟大文明。个人、团体、民族、国家之间讲信守义、和睦相处、仁爱相助、友善邻里，是中华民族基于明德追求与大同理想而形成的处世之道、交往之道。丝绸之路就是这种讲信修睦、亲仁善邻的交往之道结出的硕果。公元前100多年，中国开始开辟通往西域的丝绸之路。中国与亚欧大陆上的先人们不畏艰险，探索开辟出多条连接亚欧非的贸易和人文交流通路。南北朝时期沈约在《宋书》中讲"舟舶继路、商使交属"，记载了丝绸之路上商贾、使者来往频繁的热闹场面与繁荣景象。和平合作、开放包容、互学互鉴、互利共赢的丝绸之路精神世代相承、薪火相传。今天，中国与共建"一带一路"国家和地区加强互联互通、共谋繁荣发展，赋予讲信修睦、亲仁善邻交往之道新的时代内涵。

中华优秀传统文化的其他重要元素，也为共同塑造中华文明的和平性起到了重要作用。例如，天人合一、万物并育的生态理念，实事求是、知行合一的哲学思想，执两用中、守中致和的思维方法等，都对中华文明超越地域乡土、血缘世系、宗教信仰等的拘囿，形成开放包容、平和中正的文明特质作出了贡献。

中华文明的和平性具有丰富而深刻的内涵

"和"是中华文明的核心价值观之一，从一定意义上可以说，中华文明是一种"和"的文明。中华文明的精神理想平和而坚毅，胸襟宽广而开阔，有着深切关注人类命运的天下情怀。中华文明的和平性具有丰富而深刻的内涵。

倡导慎战不战。历史上，中国长期是世界上最强大的国家之一，却从未殖民和侵略他国。《左传》中讲"止戈为武"，意思是说止息兵戈才是武功，能止战才是真正的武功。"武"的真谛是消除战争、安定百姓。《孙子兵法》开篇就讲"兵者，国之大事，死生之地，存亡之道，不可不察也"，主张慎战不战。同为早期兵法著作的《司马法》第一篇是《仁本》，核心思想是战争要贯彻以仁为本原则，"国虽大，好战必亡"就出于此。中国人很早就懂得和平对文明的保障作用，也深知战争对文明的破坏作用。信奉丛林法则，以强欺弱、穷兵黩武，必将走向灭亡。几千年来，和平性已经深深烙在中华文明的特质里，刻进中华儿女的基因里，融入中华民族的血脉中。

倡导相互协调。从和平、和睦到和谐、和合，中国人对"和"的探究，不仅体现在战争与和平的关系上，而且深入自然法则、人类社会发展规律来理解"和"。"和也者，天下之达道也""致中和，天地位焉，万物育焉"。无论是自然界还是人类社会，都要追求通过协调发展而达到"和"的理想境界和完美秩序。实现人与自然的和谐，关键在于做到"天人合一"；实现人与人的和谐，关键在于做到彼此尊重；实现人自身的和谐，就要做到身心两方面的协调，通过实践和自省提升自己的人格和道德。

倡导共生并进。中国人所讲的"和"并不是完全相同、毫无变化的，并不追求单一、静止、无差别的和谐，而是在尊重事物多样性和差别性的基础上，通过相互协调、相互作用，达致更高层次的和谐统一。《孟子·滕文公上》中讲："夫物之不齐，物之情也。"告诫人们不能简单粗暴对待事物的差异，不能强制消除差别。《论语·子路》中讲："君子和而不同，小人同而不和。""和而不同"追求的是内在的和谐与友善，而不是表面上的相同与一致，这正是人类个体之间、群体之间共生共存的基本法则。可见，"和"的精神是一种对他者的承认、对差别的尊重、对异己的包容，以达到求同存异、和谐共生。

倡导交通成和。《周易》中讲："天地交而万物通也，上下交而其志同也。"意思是说天地阴阳交合，方有万物的生养畅通；社会上下交流沟通，方可志同道合。《庄子·田子方》中讲："两者交通成和而物生焉"。中国古人认为，开放交流才能发展进步、充满活力，才能达致"和"的状态。《礼记·学记》中讲："独学而无友，则孤陋而寡闻"。《周易》中讲"君子以朋友讲习"，意在提倡朋友之间互相讲习交流、互相学习借鉴、互相受益进步。中华文明是在中华大地上生长出来的文明，也是同其他文明不断交流互鉴而形成的文明。中华文明对待其他文明，始终秉持和平包容的态度，而不是排斥、对抗、征服，并通过积极的对话交流汲取不同文明所长，在借鉴吸纳中实现创新超越。这种"和"的智慧让中华文明能够绵延发展、不断壮大。

为推动构建人类命运共同体奠定坚实历史根基

中华文明的和平性，从根本上决定了中国始终是世界和平的建设者、全球发展的贡献者、国际秩序的维护者，为新时代中国坚定不移走和平发展道路、推动构建人类命运共同体奠定了坚实历史根基、提供了充沛文化滋养。

　　中华文明的和平性，从根本上决定了中国始终是世界和平的建设者。中华文明五千多年来一直传承着热爱和平、崇尚和睦、追求和谐的理念。新中国成立 70 多年来，中国没有主动挑起过任何一场战争和冲突，没有侵占过别国一寸土地。中国积极参与国际军控、裁军和防扩散进程，反对军备竞赛，维护全球战略平衡与稳定，是派遣维和人员最多的安理会常任理事国和联合国第二大维和摊款国。中国坚持真正的多边主义，在全球安全治理中发挥建设性作用。回顾世界历史，一些国家在现代化过程中对外侵略、殖民、掠夺，给广大发展中国家人民带来深重苦难。中国不走帝国主义、殖民主义老路，不照搬西方国家发展模式，不靠殖民掠夺，不转嫁矛盾，通过独立自主、艰苦奋斗，通过与其他国家互学互鉴、合作共赢，在和平发展道路上取得了举世瞩目的经济快速发展奇迹和社会长期稳定奇迹，掀开了人类现代化史上的崭新一页，为人类对现代化道路的探索作出重要贡献。

　　中华文明的和平性，从根本上决定了中国始终是全球发展的贡献者。中华文明五千多年来一直传承着天下大同、共生并进、交通成和的理念，今日中国以促进全球共同发展的大国担当将这些理念发扬光大。中国毫不动摇坚持对外开放基本国策，奉行互利共赢的开放战略，坚持经济全球化正确方向，不断以中国新发展为世界提供新机遇。加大对全球发展合作的资源投入，坚定支持和帮助广大发展中国家加快发展，共同培育全球发展新动能，共同营造有利于发展的国际环境，推动建设开放型世界经济。2023 年是共建"一带一路"倡议提出十周年，共建"一带一路"已经成为深受欢迎的国际公共产品和国际合作平台，有力提升了中国对外开放能力、共建国家发展水平与国际合作新范式的韧性和活力，为全球发展注入了更多强劲动能。

中华文明的和平性，从根本上决定了中国始终是国际秩序的维护者。"以天下论者，必循天下之公"。中华文明的和平性，决定了中国能够站在人类整体利益的高度思考人类的前途命运问题，坚持团结合作，决不搞"党同伐异"的小圈子。中国坚持真正的多边主义，坚定维护以联合国为核心的国际体系、以国际法为基础的国际秩序、以联合国宪章宗旨和原则为基础的国际关系基本准则，反对一切形式的单边主义。践行共商共建共享的全球治理观，积极参与全球治理，推动世界贸易组织、亚太经合组织等多边机制更好发挥作用，扩大金砖国家、上海合作组织等合作机制影响力，增强发展中国家和新兴市场国家在全球事务中的代表性和发言权，推动全球治理体系朝着更加公正合理的方向发展。

求和平、谋发展，凝结着中华民族生生不息、蓬勃发展的智慧。中华文明突出的和平性，给予我们走和平发展道路、推动构建人类命运共同体的强大底气和丰富智慧。我们要继续深入挖掘中华文明和平性的丰富内涵，实现创造性转化、创新性发展，提出更多中国方案，使之在人类应对风险挑战、开辟光明未来的道路上彰显更大的价值、更强的力量。

《人民日报》2023 年 8 月 14 日第 9 版

32

和平性植根于中华文明深处

韩建业

中华民族是爱好和平的民族，深知和平之宝贵。和谐稳定是中华民族几千年来的生活方式，和平共处是中华民族几千年来的处世之道，和合仁善是中华文明几千年来的文化基因。在长期发展中，中华文明形成了特有的天人合一的宇宙观、协和万邦的国际观、和而不同的社会观、人心和善的道德观、和平正义的战争观，和平性植根于中华文明深处。

中国古人认为，天地化育万物、诞生人类，天地人互相联系。天人合一的宇宙观强调普遍联系和整体思维，将自然之道和人间伦理有机联系起来。宇宙万物、人类社会既千差万别又是一个统一整体，和合相生、生生不息。这一宇宙观蕴含着顺应自然、敬畏自然、敬畏秩序的文化基因。和谐、稳定、秩序是中华先民史前时期就形成的生活方式，并一直延续下来。例如，考古发现表明，八千年前西辽河流域兴隆洼文化的村落里房屋成排分布，六千多年前黄河中游仰韶文化的姜寨等村落里房门朝向中央广场，都显示出社会内部崇尚集体利益，社会秩序井然。八千年前黄河流域裴李岗文化等的墓葬排列整齐，已有"族葬"习俗，将现实社会秩序延伸到身后世界。无论是聚落、墓葬的排列有序，还是都邑的中轴对称，礼器的成组成套等，都体现出中国人对秩序和稳定的不懈追求。

中国古代主张天下万邦和谐相处、和合共生，不滥杀无辜、不绝人祭祀，形成了协和万邦的国际观。例如，西周建立后不但封商人后裔于宋，而且神农、黄帝、尧、舜、禹之后也都各有封地，这与侵略扩张的帝国观有着重要区别。早期中西文化交流在五千多年前就已经出现，中国在西传彩陶、黍、粟等的同时，接纳了西来的绵羊、黄牛、小麦、冶金术等。汉代丝绸之路开通以后，丝绸、瓷器、造纸术、印刷术、指南针、铸铁技术等生活用品和民用技术从中国传到西方各地，传播方式是和平交往和商业贸易而非侵略战争。与其他文明交流互鉴、和平共生，是中华民族一以贯之的处世之道。中华文明的发展，正是不同文明通过相互对话、相互交融获得共同进步的例证。当今世界有 200 多个国家和地区、2500 多个民族和多种宗教，不同文明各有特色、各有优长。彼此尊重、相互依存，包容互鉴、共同发展，人类文明才能不断发展进步。

和平也是中国伦理和思想的重要准则。中国人对和平的追求还体现在社会观和道德观上。"和实生物，同则不继""君子和而不同，小人同而不和""和羹之美，在于合异"。中国地理环境广阔多样，族群文化多姿多彩，但在距今六千年左右就形成了早期中国文化圈，各民族在长期发展中形成了强烈的共同体意识、共同价值追求和文化认同，这是和而不同观念发展的必然结果。五音相和才有旋律，五味调和才成美味。和而不同是人类社会和谐稳定的秘诀。上善若水，仁者爱人。从善爱自身、家人推及仁爱他人、社会，这是中华民族美德的核心内容。和平与"仁"的价值相结合，通过对他人的关心关爱践行和平性的理念。在过去两千多年时间里，中国在多数时期是世界上最大的经济体，但中国没有对外扩张和殖民，这是中华民族和善友爱的证明。

当然，战争有时是难以避免的，和平性并不意味着懦弱。中华民族一直以来秉承和平正义的战争观。中国人深知"兵者不祥之器，非君子之器，不得已而用之"的道理。文武之道，先文后武，先礼后兵，不挑起战争，也不畏惧战争，战争必出于正义、为了和平。

中华文明何以具有突出的和平性？原因是多方面的，深厚的农业基础是孕育和平性的重要土壤。可以说，和平是中华文明从源头开始的内在追求。中国大部分国土位于气候适中的中纬度河流地区，具备农业发展的良好条件。农业生产需要较长周期，种子的选育、土地肥力的维持、生产工具与设施的制备、水利设施的建造维护、生产经验的传承等，都需要长期稳定的社会秩序。中国古代有着世界上最大范围的农耕区，加上"南稻北粟"农业结构体系的互相补充，以及小麦等农作物的传入，粮食来源相对稳定，为稳定定居、和平发展奠定了基础。中华先民眷恋故土，大多数情况下的迁徙不过是农人对新耕地的开垦，在漫长岁月中形成了追求秩序、稳定内敛、爱好和平的文化性格。

和平使文明成果得以长期保存，和谐使文明得以稳步向前，和平性为中华文明绵延不绝发展提供了保障。今天，我们依然走在和平发展的宽广道路上，以和平的方式实现了一个超大规模国家前所未有的发展。中国和平发展成功的各项原因背后都有中华文明智慧的光芒，都是我们文明基因与现代精神的结合。我们要始终坚守并不断激活和平的文明基因，同一切进步力量携手合作，推动不同国家、不同文明在平等、互鉴基础上构建人类命运共同体，开辟人类社会更美好的未来。

《人民日报》2023 年 8 月 14 日第 9 版

33

历久弥新　绵延不断

中华文明在交流互鉴中繁荣发展

邢丽菊

中华文明具有突出的和平性，从根本上决定了中国不断追求文明交流互鉴而不搞文化霸权。文明因交流而多彩，文明因互鉴而丰富。文明交流互鉴，是中华文明几千年连续发展的重要动力，也是推动人类文明进步和世界和平发展的重要动力。深刻把握中华文明突出的和平性，深入理解中华文明同其他文明交流互鉴的历史传统，对于建设中华民族现代文明、促进世界和平发展具有重要意义。

中华文明具有开放包容、和谐共生的传统基因。中华文明本质上是"和"的文明，中华民族传承和追求的是和平、和睦、和谐理念。中国传统文化认为，事物都有可取之处，要以"三人行，必有我师焉"的虚心态度来丰富自己。中国古人强调"海纳百川，有容乃大""君子以厚德载物"，反映了对他者尊重包容的态度。中国古代政治追求"天下大同"，履行"行天下之大道"的政治法则，秉持"达则兼济天下"的情怀，体现了对世界秩序和人类福祉的关切。"和实生物，同则不继"，"和"要求既肯定和接受事物的多样性，又包容和接纳事物的差异性，并将不同事物融合到一个和合体中，以期达到"万物并育而不相害，道并行而不相悖"的境界。漫长历史沉淀的文化基因，为中华文明实现交流互鉴奠定了深厚基础。

中华文明在同其他文明交流互鉴中发展壮大。自古以来，中华文明就以开放包容闻名于世，在同其他文明交流互鉴中不断焕发新的生命力，在借鉴吸纳中实现创新超越。张骞通西域开辟了历史上的丝绸之路，向西打开了中国与外部世界交流的大门。玄奘赴天竺取经，推动了印度佛教经典在中国的译介和传播。鉴真东渡日本，将唐朝的先进文化传至东瀛。郑和七下西洋，促进了中西贸易流通和文化交流。古丝绸之路是文明交流互鉴的范例，不仅中国的儒道思想日益西渐，起源于异域的佛教等宗教文化也传入中国。中华文明在凸显民族特性的同时，以开放心态吸收借鉴域外文明，在相互碰撞和交汇中实现了自我成长与创新。文化和宗教的交流不仅为沿线贸易的和平发展作出了重要贡献，也促进了中外民众人文层面的相互理解和精神层面的深入沟通。可以说，文明交流互鉴是中华文明历久弥新、绵延不断发展的重要动力。

文明交流互鉴深刻影响中国式现代化的文明观。习近平总书记指出，中国式现代化，深深植根于中华优秀传统文化，体现科学社会主义的先进本质，借鉴吸收一切人类优秀文明成果，代表人类文明进步的发展方向，展现了不同于西方现代化模式的新图景，是一种全新的人类文明形态。中国式现代化赓续并更新古老中华文明，将创造人类文明新形态作为本质要求之一。中国式现代化蕴含的独特文明观，既有马克思主义解放全人类的崇高视野，又有中华文明兼济天下的博大胸怀，其本身就是文明交流互鉴的产物。这一文明观超越西方强权独霸、零和博弈、唯我独尊的观念，展现了交流互鉴、合作共赢、共建共享的文明发展新图景。

文明交流互鉴是促进世界和平发展的重要力量。当前，人类社会面临前所未有的挑战。"文明冲突论""文明优越论"沉渣泛起，加剧不同文明之间的隔阂，阻碍国际社会交流合作。中国提出全球文明倡议，积极回应国际社会对文明交流互鉴的普遍诉求，引领文明包容共存的前进方向。文明交流互鉴是不同国家、不同民族以及不同文化增进了解、建立互信、构筑友谊、加强合作的应有之义。世界上各个民族都有其文化血脉，每个国家都有其文明渊源。要理解不同文明的差异，欣赏文明的多彩之美，就要既坚持自身文明传统，又对其他文明持开放包容态度。只有加强文明交流互鉴，才能消除因文化差异而产生的隔阂，避免落入文明冲突的陷阱。全球文明倡议坚持平等、互鉴、对话、包容的文明观，主张以宽广胸襟实现不同文明对话，以团结化解分裂、以合作回应对抗、以包容代替排他，必将为推动中华文明重焕荣光、促进人类社会进步作出更大贡献。

《人民日报》2023年8月14日第9版

34

深刻认识和把握中华文明的和平性

叶小文

习近平总书记在文化传承发展座谈会上从五个方面深刻总结了中华文明的突出特性，展现出高度的文化自觉、文化自信。习近平总书记指出："中华文明的和平性，从根本上决定了中国始终是世界和平的建设者、全球发展的贡献者、国际秩序的维护者，决定了中国不断追求文明交流互鉴而不搞文化霸权，决定了中国不会把自己的价值观念与政治体制强加于人，决定了中国坚持合作、不搞对抗，决不搞'党同伐异'的小圈子。"天下大同、协和万邦等理念体现着中华民族自古以来对人类社会的美好憧憬，丰富了中国式现代化走和平发展道路的文化内涵。中国式现代化体现出与西方现代化不同的道路选择，对世界和平与发展具有重要影响。

中华文明的和平性一脉相承

中华优秀传统文化注重以人为本、以和为贵，讲仁爱、重民本、守诚信、崇正义、尚和合、求大同。这些思想体现着人文主义底蕴，蕴含着和平的文化内涵。千百年来，中华优秀传统文化中的和平理念一以贯之，在许多方面都有体现。

中国古代不同流派思想中都有关于"和"的内容。例如，道家认为："万物负阴而抱阳，冲气以为和"。这意味着当发生利益冲突、矛盾纠纷时，人们不妨彼此体谅，结果可以平和情绪、实现和谐。儒家认为："君子和而不同，小人同而不和""君子周而不比，小人比而不周"。儒家思想对"和"的追求体现得比较鲜明，讲"和也者，天下之达道也。致中和，天地位焉，万物育焉"。道家倡导的人与自然和谐，儒家倡导的人与社会和谐，都具有重要价值。这种对和谐的追求至今仍沉淀在中国人的精神世界中。

中华优秀传统文化中的"以和为贵"具有重要价值。英国哲学家罗素曾说："中国至高无上的伦理品质中的一些东西，现代世界极为需要""若能够被世界采纳，地球上肯定比现在有更多的欢乐祥和"。"和"的精神，体现的是一种承认、尊重、圆融。"和"并不是一团和气，而是和而不同、互相包容、求同存异、共生共长。"和"的途径，是以对话求理解，和睦相处；以团结求合作，和衷共济；以包容求和谐，和平发展。"和"的方式，是承认彼此不同基础上的求同存异、团结包容。"和"的佳境，是各美其美、美人之美、美美与共、天下大同。

和平融入了中华民族的血脉，塑造了中华民族在文化上海纳百川的包容特质。在各国前途命运紧密相连的今天，对于不同文明如何相处、人类文明向何处去等重大问题，秉持和平理念的中国提出了自己的方案。为了促进世界和平与发展，习近平总书记提出全球发展倡议，唤起国际社会对发展问题的重视，推动加强全球发展伙伴关系，促进国际发展合作。习近平总书记提出全球安全倡议，强调要坚持共同、综合、合作、可持续的安全观，共同维护世界和平和安全，为共同营造和平稳定的发展环境、共同构建人类命运共同体提供行动指引、注入思想动力。习近平总书记提出全球文明倡议，倡导尊重世界文明多样性，倡导弘扬全人类共同价值，倡导重视文明传承和创新，倡导加强国际人文交流合作。中国共产党人传承中华文明爱好和平与开放包容的精神，着力促进和平，促进和而不同、兼收并蓄的文明交流，促进世界各国开展平等对话协商，为人类携手共创美好未来贡献了中国智慧。

中国式现代化是走和平发展道路的现代化

习近平总书记强调："马克思主义中国化时代化这个重大命题本身就决定，我们决不能抛弃马克思主义这个魂脉，决不能抛弃中华优秀传统文化这个根脉。"中国共产党人把马克思主义思想精髓同中华优秀传统文化精华贯通起来、同人民群众日用而不觉的共同价值观念融通起来，用马克思主义真理力量激活中华文明，同时不断赋予马克思主义鲜明的中国特色。在马克思主义中国化时代化理论成果的科学指引下，党和人民不断推进和拓展中国式现代化，取得巨大发展成就。中国式现代化立足中国国情、符合中国实际、顺应时代潮流，打破了"现代化＝西方化"的迷思，展现了现代化的另一幅图景，拓展了发展中国家走向现代化的路径选择。

近代以来率先实现现代化的国家，往往以工业化和城市化为先导。这个过程产生了对劳动力、原材料、能源资源的大量需求，对外扩张的需求也不断增长。特别是近代西方一些国家，在原始积累过程中，以坚船利炮、圈占土地、奴役他人等方式在全世界掠夺资源、薅取羊毛。这种方式虽然推动了这些国家的发展繁荣，却给其他发展中国家带来深重灾难。随着西方现代化的扩展，世界上不和谐的"现代性"噪音不断扩大。在资本主义国家，资本主义固有矛盾造成人的发展与社会的对立，在工业化进程中自然生态系统遭遇危机，以资本为中心的现代化导致贫富分化、群体对立，导致人们心为物役、精神空虚。

中国式现代化摒弃西方以资本为中心的现代化、两极分化的现代化、物质主义膨胀的现代化、对外扩张掠夺的现代化老路，实现世界现代化理论和实践的重大创新。与西方国家在现代化进程中长期奉行"国强必霸"的丛林法则和对抗性零和博弈思维不同，和平发展是中国式现代化的重要特征。中国强调发展最终要靠自己，坚持独立自主、自力更生，把国家和民族发展放在自己力量的基点上，把中国发展进步的命运牢牢掌握在自己手中。在推进现代化的过程中，中国始终坚守永远不称霸、不搞扩张、不谋求势力范围的庄严承诺，坚持推动构建人类命运共同体，在努力谋求自身发展的同时，积极为维护世界和平、促进共同发展贡献力量。中国向世界展示的，是一个人口规模巨大的发展中国家持续而协调发展、势不可当的现代化；是一个和平发展、合作共赢，有助于解决人类共同面临的难题、推动构建人类命运共同体的现代化。中国式现代化充分表明，中国是重诚信、讲诚信、守诚信的，是自强不息、厚德载物、讲信修睦、亲仁善邻的，是一个可信、可亲、可敬、可靠的大国。

中国式现代化道路走得通、行得稳，不仅因其符合实际，实事求是，还因其扎根中华优秀传统文化，根深叶茂。"民胞物与""协和万邦""天下大同"的美好愿望，"亲仁善邻，国之宝也""四海之内皆兄弟也""远亲不如近邻"的相处之道，"亲望亲好，邻望邻好""国虽大，好战必亡"的和平思想等，在中国世代相传，深刻影响我们对现代化道路的选择。中国式现代化向世界展现着中国共产党和中国人民爱好和平的深厚情怀、中国走和平发展道路的坚定决心，让世界人民感受到合作共赢是大势所趋，构建人类命运共同体是前途所在。

向世界讲好中国和平发展故事

习近平主席在中国共产党与世界政党高层对话会上指出："中国共产党将致力于维护国际公平正义，促进世界和平稳定。中国式现代化不走殖民掠夺的老路，不走国强必霸的歪路，走的是和平发展的人间正道。"中国走和平发展道路，是基于自己的基本国情和文化传统、基于全人类根本利益和长远利益作出的正确抉择。中国倡导以对话弥合分歧、以合作化争端，坚决反对一切形式的霸权主义和强权政治，主张以团结精神和共赢思维应对复杂交织的安全挑战，营造公道正义、共建共享的安全格局。中国实现现代化是世界和平力量的增长，是国际正义力量的壮大。

当然，传承中华文明的和平性，并不意味着无原则地妥协退让，更不意味着忍气吞声。争取和维护和平，背后体现的是一种文化自信，彰显着中华民族的志气、骨气、底气。崇尚和而不同、以和为贵与崇尚正义、不畏强暴是一致的，中国始终以坚定的战略定力去争取和维护和平。

立足中华民族伟大历史实践和当代实践，用中国道理总结好中国经验，把中国经验提升为中国理论，需要向世界讲清楚中华文明突出的和平性。我们要立足中国式现代化的生动实践，讲好中国走和平发展道路的故事，构建中国话语体系。要充分展现中华优秀传统文化的价值观、全人类共同价值，讲清楚其背后的哲学根基、精神源泉，让世界了解中国，让中国式现代化更加真切、生动、可亲。要让世界上越来越多的人认识到，中国向世界吹送的是古老东方大国为实现民族复兴而自强不息、和实生物之"和风"，充实的是为推动构建人类命运共同体而弘扬的厚德载物、协和万邦之"和气"。

《人民日报》2023 年 8 月 17 日第 9 版

切实担负起新的
文化使命

35

建设中华民族现代文明的行动指南

中共中国社会科学院党组

文化关乎国本、国运。习近平总书记在文化传承发展座谈会上的重要讲话，聚焦推进中国特色社会主义文化建设、建设中华民族现代文明这个重大问题，进行了全方位、深层次阐述，提出了一系列新思想新观点新论断，发出了担负起新的文化使命、努力建设中华民族现代文明的时代最强音。这在中华文明发展史、马克思主义文化理论发展史上都具有里程碑意义，为我们在新的起点上继续推动文化繁荣、建设文化强国、建设中华民族现代文明提供了行动指南。

闪耀着马克思主义真理光芒、充盈着中华文化独特气韵的光辉文献

习近平总书记在文化传承发展座谈会上的重要讲话，站在中华民族伟大复兴和中华文明永续传承的战略高度，贯通历史、现实和未来，融通中国与世界，深刻把握历史发展逻辑和文化建设规律，系统回答了有关文化传承发展的一系列重大理论和现实问题，具有很强的政治性、思想性、战略性、指导性，是一篇闪耀着马克思主义真理光芒、充盈着中华文化独特气韵的光辉文献。

习近平总书记的重要讲话凝练概括了中华文明的突出特性，深刻阐明了"两个结合"特别是"第二个结合"的重大意义，鲜明提出了更好担负起新的文化使命的重要要求，对建设中华民族现代文明进行了战略部署，是新时代党领导文化建设实践经验的理论总结，是我们党强烈文化担当和高度文化自信的集中体现，是推进文化传承发展和繁荣兴盛的根本指针，是建设中华民族现代文明和社会主义文化强国的行动指南。

习近平总书记的重要讲话充分体现了对中华文明和中国历史文化的科学认识和深厚情感，充分彰显了中国共产党人的历史自觉和文化自信，凝结着马克思主义的真理力量，蕴含着深厚的思想智慧、丰富的理论内涵和重大的方向指引，充分表明我们党对中华文明发展规律的认识和把握达到了新的高度，为推进文化理论创新、深化历史文化研究、建设中华民族现代文明提供了根本遵循。

深刻把握中华文明的突出特性，夯实中华民族现代文明的历史基础

习近平总书记指出："只有全面深入了解中华文明的历史，才能更有效地推动中华优秀传统文化创造性转化、创新性发展，更有力地推进中国特色社会主义文化建设，建设中华民族现代文明。"这为我们深入把握中华文明的历史根脉，在新的历史起点上续写中华文明新的篇章提供了重要遵循。

中国文化源远流长，中华文明博大精深。我国具有百万年的人类史、一万年的文化史、五千多年的文明史。中华文明是世界上唯一绵延不断并以国家形态发展至今的伟大文明，中华优秀传统文化是中华民族生生不息、长盛不衰的文化基因，也是我们在世界文化激荡中站稳脚跟的根基。习近平总书记以科学缜密的历史思维和宏阔深邃的世界眼光，从中华优秀传统文化的内在机理和重要元素中，全面系统深刻揭示出中华文明具有突出的连续性、突出的创新性、突出的统一性、突出的包容性、突出的和平性。这五个突出特性是对中国历史的深刻总结，科学揭示了中华文明深厚的历史底蕴，深刻阐明了中华民族的文化基因所在、精神命脉所系、价值追求所向，是我们理解中华文明的指路明灯。

中华文明的突出特性，决定我们独特的发展道路和历史命运。习近平总书记指出："如果没有中华五千年文明，哪里有什么中国特色？如果不是中国特色，哪有我们今天这么成功的中国特色社会主义道路？"只有全面深入了解中华五千多年文明史，深刻把握中华文明突出的连续性、创新性、统一性、包容性、和平性，才能真正理解中国道路的历史必然性、文化内涵与独特优势，才能更有效地推动中华优秀传统文化创造性转化、创新性发展，更有力地推进中国特色社会主义文化建设，建设中华民族现代文明。

不忘本来，才能开辟未来。我们要全面客观地认识中华优秀传统文化，就要正确认识中国共产党人的精神谱系与中华优秀传统文化之间的内在联系。要把红色文化与中华优秀传统文化更加有机地结合起来、融合起来，在传承中华优秀传统文化中更好地赓续红色血脉。要坚持面向未来，坚持以科学态度对待传统文化，不割裂历史、不僵化保守，始终走在时代进步的最前沿，立破并举，在延续历史中开创未来。

深刻理解"两个结合"的重大意义，牢牢把握建设中华民族现代文明的根本遵循

旗帜决定方向，道路决定命运。中国特色社会主义是科学社会主义理论逻辑和中国社会发展历史逻辑的辩证统一，植根于中国大地和中华文化沃土、反映中国人民意愿、适应中国和时代发展进步要求。习近平总书记指出："在五千多年中华文明深厚基础上开辟和发展中国特色社会主义，把马克思主义基本原理同中国具体实际、同中华优秀传统文化相结合是必由之路。这是我们在探索中国特色社会主义道路中得出的规律性的认识。"中国共产党人用马克思主义真理的力量激活了中华民族历经几千年创造的伟大文明，使中华文明再次迸发出强大精神力量。"两个结合"揭示了建设中华民族现代文明的源头活水，指明了建设中华民族现代文明的前进方向。

中国特色社会主义植根于中华文化沃土，深受中华优秀传统文化的滋养，中华优秀传统文化是我们党创新理论的"根"。习近平总书记系统阐述了"两个结合"的丰富内涵和重大意义，指出："马克思主义和中华优秀传统文化来源不同，但彼此存在高度的契合性。""结

合"的前提是彼此契合，相互契合才能有机结合。中国共产党人既是马克思主义的坚定信仰者和践行者，又是中华优秀传统文化的忠实继承者和弘扬者，对马克思主义和中华优秀传统文化的高度契合性有着深刻体认。"结合"的结果是互相成就，造就了一个有机统一的新的文化生命体，让马克思主义成为中国的，中华优秀传统文化成为现代的，让经由"结合"而形成的新文化成为中国式现代化的文化形态。"结合"筑牢了道路根基，让中国特色社会主义道路有了更加宏阔深远的历史纵深，拓展了中国特色社会主义道路的文化根基。中国式现代化赋予中华文明以现代力量，中华文明赋予中国式现代化以深厚底蕴。"结合"打开了创新空间，让我们掌握了思想和文化主动，并有力地作用于道路、理论和制度。更重要的是，"第二个结合"是又一次的思想解放，让我们能够在更广阔的文化空间中，充分运用中华优秀传统文化的宝贵资源，探索面向未来的理论和制度创新。

习近平总书记关于"结合"特别是"第二个结合"的深刻阐述，进一步巩固了我们的文化主体性，增强了我们建设中华民族现代文明的坚定性和自觉性。文化自信来自文化主体性。有了文化主体性，就有了文化意义上坚定的自我，中国共产党就有了引领时代的强大文化力量，中华民族和中国人民就有了国家认同的坚实文化基础。习近平新时代中国特色社会主义思想实现了马克思主义中国化时代化新的飞跃，是中华文化和中国精神的时代精华，是"两个结合"的光辉典范，是党和人民奋进新征程的行动指南，也是创造属于我们这个时代的新文化的根本遵循。建设中华民族现代文明，最根本、最重要的就是坚持以习近平新时代中国特色社会主义思想为指导，沿着习近平总书记指引的文化方向，推动文化繁荣、建设文化强国。

更好担负起新的文化使命，奋发有为建设中华民族现代文明

中国共产党自成立之日起就把建设民族的科学的大众的中华民族新文化作为自己的使命，积极推动文化建设和文艺繁荣发展。新民主主义革命时期，我们党提出"把一个被旧文化统治因而愚昧落后的中国，变为一个被新文化统治因而文明先进的中国"，领导人民建设民族的科学的大众的新民主主义文化。社会主义革命和建设时期，我们党组织大规模的经济建设和文化建设，提出"百花齐放、百家争鸣"，大力建设社会主义文化。改革开放和社会主义现代化建设新时期，我们党重视文化建设，提出在建设高度物质文明的同时，努力建设高度的社会主义精神文明，发展面向现代化、面向世界、面向未来的，民族的科学的大众的社会主义文化。

党的十八大以来，以习近平同志为核心的党中央统筹中华民族伟大复兴战略全局和世界百年未有之大变局，在领导党和人民坚持和发展新时代中国特色社会主义的伟大实践中，把文化建设摆在全局工作的重要位置，不断深化对文化建设的规律性认识，提出一系列新思想新观点新论断，涵盖了文化建设的各领域和全过程，既有整体性的原则遵循又有各个领域的重要任务，既有全局性的战略部署又有各个方面的重大举措，是新时代党领导文化建设实践经验的理论总结，为丰富和发展马克思主义文化理论作出了原创性贡献，

为建设中华民族现代文明提供了根本遵循。习近平总书记在文化传承发展座谈会上提出了一系列新思想新观点新论断，进一步丰富和发展了我们党关于文化建设的思想。例如，明确提出"如果不从源远流长的历史连续性来认识中国，就不可能理解古代中国，也不可能理解现代中国，更不可能理解未来中国"；明确提出"在五千多年中华文明深厚基础上开辟和发展中国特色社会主义，把马克思主义基本原理同中国具体实际、同中华优秀传统文化相结合是必由之路"；明确提出"'结合'的结果是互相成就""让马克思主义成为中国的，中华优秀传统文化成为现代的，让经由'结合'而形成的新文化成为中国式现代化的文化形态"；明确提出"'结合'巩固了文化主体性""创立新时代中国特色社会主义思想就是这一文化主体性的最有力体现"；明确提出"新的文化使命"，强调"在新的起点上继续推动文化繁荣、建设文化强国、建设中华民族现代文明，是我们在新时代新的文化使命"；等等。这些新思想新观点新论断，充分体现了习近平总书记的高远战略考量、宏阔历史视野、高度文化自觉，为我们担负起新的文化使命、建设中华民族现代文明指明了前进方向、提供了根本遵循。

党领导人民一百多年的伟大奋斗是强国复兴的历史进程，也是文明转型的艰辛探索，不仅取得了革命、建设、改革的伟大胜利，从根本上改变了中国人民被欺负、被压迫、被奴役的命运；而且成功走出中国式现代化道路，持续推进中华民族现代文明建设，深刻影响着世界历史进程。我们所建设的中华民族现代文明，是中国共产党领导的社会主义文明，是植根中华优秀传统文化、具有中华文化主体性的文明，是借鉴吸收人类一切优秀文明成果的文明。这种新型文明既遵循人类文明发展的普遍规律，又具有鲜明的民族特色和时代特征，体现科学社会主义先进本质，代表人类文明进步的发展方向。

文化是一个国家、一个民族的灵魂。习近平总书记强调，在新的历史起点上继续推动文化繁荣、建设文化强国、建设中华民族现代文明，要坚定文化自信，坚持走自己的路，立足中华民族伟大历史实践和当代实践，用中国道理总结好中国经验，把中国经验提升为中国理论，实现精神上的独立自主。要秉持开放包容，坚持马克思主义中国化时代化，传承发展中华优秀传统文化，促进外来文化本土化，不断培育和创造新时代中国特色社会主义文化。要坚持守正创新，以守正创新的正气和锐气，赓续历史文脉、谱写当代华章。不忘本来才能开辟未来，开放包容才能永葆生机。我们要从中华优秀传统文化中汲取营养，从与其他文明交流互鉴中获得启发，为建设中华民族现代文明汇聚起磅礴力量。

铭记嘱托、发挥优势，为建设中华民族现代文明贡献智慧和力量

"文明以止，人文也。观乎天文，以察时变；观乎人文，以化成天下。"国家之魂，文以化之，文以铸之。为建设中华民族现代文明服务，是当前哲学社会科学界最重要的使命和任务。我们要站在推进中华民族现代文明建设的高度，全力加强中华民族现代文明研究，积极构建中国特色哲学社会科学，把历史责任和时代使命牢记心中、

扛在肩上。

我们要深入学习领会、全面贯彻落实习近平总书记在文化传承发展座谈会上的重要讲话精神，更加深刻领悟"两个确立"的决定性意义，增强"四个意识"、坚定"四个自信"、做到"两个维护"，更好担负起新的文化使命，努力在建设中华民族现代文明方面取得实效。要自觉主动服务中华民族现代文明建设大局，既要推出具有较高学术水平的基础研究成果，又要推出对建设中华民族现代文明有重要参考、借鉴价值的应用对策成果，还要推出一批有说服力、有影响力的宣传阐释成果。要更加自觉地把建构中国自主的知识体系的重任肩负起来，推动中华民族现代文明研究知识创新、理论创新和方法创新，积极构建文化传承发展研究的学术范式。要加快构建中国话语和中国叙事体系，深化国际传播理论研究，创新国际传播方式方法，提高塑造国家形象、影响国际舆论的文化能力。要高度重视文明文化研究人才培养，努力建设一支政治可靠、学识深厚、贯通古今、融通中外的优秀中青年文明文化研究人才队伍。

使命光荣神圣，责任重如泰山。今天，赓续中华文明、推进中国特色社会主义文化建设开启了新的时代征程。我们要更加紧密地团结在以习近平同志为核心的党中央周围，切实把思想和行动统一到习近平总书记重要讲话精神上来，按照习近平总书记和党中央的要求办好中国社会科学院，为建设中华民族现代文明贡献自己的智慧和力量。

《人民日报》2023 年 6 月 14 日第 9 版

36

为更好担负新的文化使命
贡献文旅力量

中共文化和旅游部党组

习近平总书记在文化传承发展座谈会上的重要讲话，着眼于强国建设、民族复兴，立足于赓续中华文脉、建设现代文明，对中华文化传承发展的一系列重大理论和现实问题作了深入系统阐述。在这篇闪耀着马克思主义真理光芒、充盈着中华文化独特气韵的光辉文献中，习近平总书记旗帜鲜明提出新时代新的文化使命的重要论断，为在新的起点上继续推动文化繁荣、建设文化强国、建设中华民族现代文明提供了根本遵循和行动指南。我们要认真学习领会、深入贯彻落实，共同创造属于我们这个时代的新文化、建设中华民族现代文明。

深刻认识新时代新的文化使命重要论断的重大意义

党的十八大以来，习近平总书记以马克思主义政治家、思想家、战略家的历史主动精神、非凡理论勇气、卓越政治智慧、强烈使命担当，深刻洞察世界范围内思想文化相互激荡趋势，准确把握我国社会思想观念发生的深刻变化，不断深化对文化建设的规律性认识，创造性提出一系列新思想新观点新论断。习近平总书记关于"在新的起点上继续推动文化繁荣、建设文化强国、建设中华民族现代文明，是我们在新时代新的文化使命"的重要论断，具有很强的政治性、思想性、战略性、指导性。

丰富发展了马克思主义文化建设思想。马克思主义文化建设思想坚持历史唯物主义和辩证唯物主义，深刻剖析文化的本质、功能、作用，深刻总结文化与政治、经济、社会等之间的关系，深刻揭示人类社会文化发展变迁、文明产生演进的一般规律。党的十八大以来，习近平总书记对文化建设的时代环境、重要意义、方向导向、目标任务、战略步骤、根本动力、实践路径等，创造性提出一系列新理念新思想新战略，构成了习近平新时代中国特色社会主义思想这一当代中国马克思主义、21世纪马克思主义、中华文化和中国精神的时代精华的文化篇章，大大丰富发展了马克思主义文化建设思想，标志着我们党对中华文化、中华文明地位作用的认识开辟了新境界，对文化建设、文化传承发展规律的把握达到了新高度。

总结升华了党领导文化建设的历史经验。我们党是具有高度文化自觉的党，既是中国先进文化的积极引领者和践行者，又是中华优秀传统文化的忠实传承者和弘扬者。党的百年历史，既是波澜壮阔的不懈奋斗史、不怕牺牲史、理论探索史、为民造福史、自身建设史，又是成就辉煌的文化建设史、文化奋进史。从成立之日起，我们党就把建设民族的科学的大众的中华民族新文化作为自己的使命。一路走来，我们党团结带领中国人民勇担文化使命、推动文化建设，最终走出了中国特色社会主义文化发展道路。习近平总书记关于新时代新的文化使命的重要论断，从历史传承中来、从革命奋斗中来、从改革创新中来、从时代奋进中来，是对百余年来党领导文化建设光辉历程、重大成就和历史经验的深刻总结升华。

描绘了担负新使命、奋进新征程的宏伟蓝图。党的十八大以来，以习近平同志为核心的党中央把文化建设摆在全局工作的重要位置，在正本清源、守正创新中推动我国文化建设取得历史性成就、发生历史性变革。习近平总书记在文化传承发展座谈会上的重要讲话，就新的历史起点上担负新时代新的文化使命提出了"坚定文化自信""秉持开放包容""坚持守正创新"等重要要求，描绘了担负新使命、奋进新征程的宏伟蓝图。面向未来，我们要坚持走自己的路，立足中华民族伟大历史实践和当代实践，实现精神上的独立自主；坚持马克思主义中国化时代化，传承发展中华优秀传统文化，促进外来文化本土化，不断培育和创造新时代中国特色社会主义文化；以守正创新的正气和锐气，赓续历史文脉、谱写当代华章。只有这样，才能不断满足人民日益增长的精神文化需求，促进物质文明和精神文明协调发展、扎实推进中国式现代化，更好创造人类文明新形态、为人类发展进步事业贡献中国智慧和中国方案。

深刻理解新时代新的文化使命的内涵要义

习近平总书记在文化传承发展座谈会上的重要讲话，坚持历史和现实相贯通、国际和国内相关联、理论和实际相结合，深刻阐明新时代新的文化使命的内涵要义，立意高远、内涵丰富、思想深邃。"推动文化繁荣""建设文化强国""建设中华民族现代文明"，逻辑严密、浑然一体、环环相扣、相得益彰，明确了担负好、履行好、完成好新时代新的文化使命的总任务、总抓手、总目标。

推动文化繁荣。文化兴则国运兴，文化强则民族强。习近平总书记指出："文化是一个国家、一个民族的灵魂""没有文化的繁荣兴盛，就没有中华民族伟大复兴"。推动文化繁荣，要求我们在理论层面深刻认识到文化是统筹推进"五位一体"总体布局、协调推进"四个全面"战略布局的重要内容，是推动高质量发展的重要支点，是满足人民日益增长的美好生活需要的重要因素，是战胜前进道路上各种风险挑战的重要力量源泉；要求我们坚持马克思主义在意识形态领域指导地位的根本制度，坚持为人民服务、为社会主义服务，坚持百花齐放、百家争鸣，坚持创造性转化、创新性发展，以社会主义核心价值观为引领，发展社会主义先进文化，弘扬革命文化，传承中华优秀传统文化，在满足人民日益增长的精神文化需求上下功夫、在巩固全党全国人民团结奋斗的共同思想基础上出实招、在不断提升国家文化软实力和中华文化影响力上谋良策。

建设文化强国。中华民族的伟大复兴必然伴随着中华文化的发展繁荣，社会主义文化强国是社会主义现代化强国的题中应有之义。进入新时代以来，习近平总书记亲自指挥、亲自部署、亲自推动社会主义文化强国建设。建成社会主义文化强国是我们党团结带领人民长期奋斗追求的重要目标，是全面建设社会主义现代化国家的战略任务，是以中国式现代化全面推进中华民族伟大复兴的基础支撑，是创造人类文明新形态的必然要求。建设文化强国，要求我们坚持中国特色社会主义文化发展道路，推进文化自信自强，围绕举旗帜、聚民心、育新人、兴文化、展形象使命任务，发展面向现代化、面向世界、面向未来的，民族的科学的大众的社会主义文化，激发全民族文化创新创造活力，增强实现中华民族伟大复兴的精神力量。

建设中华民族现代文明。习近平总书记在文化传承发展座谈会上的重要讲话，在指出中华文明具有突出的连续性、创新性、统一性、包容性、和平性基础上，创造性提出"建设中华民族现代文明"。中华文明是中华民族历史探索和开拓的丰厚积累，也是今天中华民族生存和发展的深层指引。百余年来，我们党始终不忘初心使命、战胜千难万险，团结带领全国各族人民彻底结束了"国家蒙辱、人民蒙难、文明蒙尘"的悲惨历史，不但成功传承了中华文明，而且创造了人类文明新形态。建设中华民族现代文明，要求我们以坚持"两个结合"为前提，以根植中华优秀传统文化、体现中华文化主体性和借鉴吸收人类一切优秀文明成果为内容，在党的领导下建设体现民族性、时代性，服务强国建设、民族复兴，代表人类文明进步发展方向、致力于人类进步事业的文明，努力完成新时代新的文化使命。

勇于担负新时代新的文化使命

习近平总书记深刻阐明推进文化发展建设、推动中华文明传承发展、建设中华民族现代文明的实践要求，为在实践创造中进行文化创造、在历史进步中实现文化进步指明了正确方向、作出了科学指引。广大文化和旅游工作者要更加紧密地团结在以习近平同志为核心的党中央周围，以习近平新时代中国特色社会主义思想为指导，全面贯彻落实习近平总书记关于文化和旅游工作重要论述精神和党的二十大精神，深刻领悟"两个确立"的决定性意义，增强"四个意识"、坚定"四个自信"、做到"两个维护"，以奋发有为的精神状态、只争朝夕的奋斗姿态、攻坚克难的斗争精神，深刻把握担负新时代新的文化使命的实践要求，为更好担负新的文化使命贡献文化和旅游力量。

坚持文化铸魂、文化赋能，以社会主义核心价值观为引领，繁荣发展文化事业和文化产业，推出更多优秀文艺作品、文化产品，提供更加丰富、更有营养、更高质量的文化服务，更好满足人民文化需求、增强人民精神力量。坚持守正创新、自信自强，加强考古发掘研究，加大文物、古籍等保护利用力度，做好非遗系统性保护，建好用好国家文化公园，推动中华优秀传统文化创造性转化、创新性发展。坚持旅游为民、旅游带动，加快完善现代旅游业体系，大力发展大众旅游、智慧旅游、绿色旅游、文明旅游，丰富优质旅游产品和服务供给，完善旅游公共设施、推出更多惠民举措，更好满足人民美好生活新期待。坚持以文塑旅、以旅彰文，推动文化和旅游深度融合发展，用文化丰富旅游内涵、提升旅游品位，用旅游带动文化传播、推动文化繁荣，推出更多兼具文化和旅游特色的新产品、新服务、新业态，为文化和旅游高质量发展提供新引擎。坚守中华文化立场、推动文明交流互鉴，深入践行全球文明倡议，深化文化和旅游国际交流合作，培育打造高水平品牌活动，推动中华文化更好走向世界，不断增强中华文化传播力影响力。

《人民日报》2023 年 7 月 11 日第 9 版

37

共同努力创造属于我们这个时代的新文化

沈壮海

　　文化兴则国家兴，文化强则民族强。习近平总书记在文化传承发展座谈会上的重要讲话，为我们更好担负起新时代新的文化使命、扎实推进中华民族现代文明和社会主义文化强国建设指明了前进方向、提供了根本遵循。"共同努力创造属于我们这个时代的新文化"是习近平总书记提出的重要要求，我们要深入学习领会这一重要要求的丰富意蕴，不断激发全民族文化创新创造活力，为铸就社会主义文化新辉煌贡献力量。

新时代中国共产党人文化自觉的鲜明体现

中国共产党是有着高度使命意识的马克思主义政党，一经诞生就义无反顾肩负起实现中华民族伟大复兴的历史使命，为之顽强奋斗、勇毅拼搏。中国共产党是具有高度文化自觉的马克思主义政党，党的百年奋斗凝结着我国文化奋进的历史。1940年1月，在陕甘宁边区文化协会第一次代表大会上的讲演中，毛泽东同志就明确指出："一句话，我们要建立一个新中国。建立中华民族的新文化，这就是我们在文化领域中的目的。"历史充分表明，中国共产党的百年奋斗历程，也是建设新文化、创造新文明的奋进历程。

党的十八大以来，中国特色社会主义进入新时代。结合当今世界综合国力竞争新特点新趋势、中华民族伟大复兴进程新阶段新要求，中国共产党人繁荣新文化、发展新文明的使命意识更加强烈，文化自觉不断增强。习近平总书记强调："没有高度的文化自信，没有文化的繁荣兴盛，就没有中华民族伟大复兴""中华民族创造了源远流长的中华文化，中华民族也一定能够创造出中华文化新的辉煌""当代中国共产党人和中国人民应该而且一定能够担负起新的文化使命，在实践创造中进行文化创造，在历史进步中实现文化进步""中国人民不仅将为人类贡献新的发展模式、发展道路，而且将把自己在文化创新创造中取得的成果奉献给世界"。新时代十年，以习近平同志为核心的党中央把文化建设摆在治国理政的突出位置，不断深化对文化建设的规律性认识，坚定文化自信，发展社会主义先进文化，弘扬革命文化，传承中华优秀传统文化，不断壮大文化事业、繁荣文化产业，推进文化创新创造，为以中国式现代化全面推进中华民族伟大复兴提供了更为主动、更为强大的精神力量，为人类文明多样性贡献了更为绚丽的中国色彩。

党的二十大报告提出："从现在起，中国共产党的中心任务就是团结带领全国各族人民全面建成社会主义现代化强国、实现第二个百年奋斗目标，以中国式现代化全面推进中华民族伟大复兴。"中国式现代化是一项前无古人的开创性事业，艰巨性和复杂性前所未有，对以文弘业、以文培元，以文立心、以文铸魂提出了更高要求；中国式现代化是创造人类文明新形态的现代化，它从中华民族底蕴深厚的古老文明中走来，努力建设中华民族现代文明。建成文化强国已经写入 2035 年我国发展的总体目标。征鼓催人、时不我待。新时代新征程，中国共产党人一定能够担负起新的文化使命，在推进中国式现代化进程中创造属于我们这个时代的新文化，建设中华民族现代文明。

彰显对全民族文化创新创造活力的坚定自信

创新创造是文化的生命所在，是文化的本质特征。习近平总书记指出："中华文明的创新性，从根本上决定了中华民族守正不守旧、尊古不复古的进取精神，决定了中华民族不惧新挑战、勇于接受新事物的无畏品格。"中国特色社会主义进入新时代，这是一个呼唤文化创新创造的新时代。当代中国正在进行人类历史上最为宏大而独特的实践创新，这为文化创新创造提供了强大动力和广阔空间。只有真正创造出接续历史荣光、彰显时代气象的属于我们这个时代的新文化，才能更好完成我们在新时代新的文化使命。

不断培育和创造新时代中国特色社会主义文化。习近平总书记强调："全党同志必须牢记，我们要建设的是中国特色社会主义，而不是其他什么主义。"共同努力创造属于我们这个时代的新文化，就要不断培育和创造新时代中国特色社会主义文化。新时代中国特色社会主义文化，坚持以习近平新时代中国特色社会主义思想为指导，坚持走中国特色社会主义文化发展道路，以社会主义核心价值观为引领，着眼于在新时代更好满足人民日益增长的精神文化需求，培养担当民族复兴大任的时代新人，增强实现中华民族伟大复兴的精神力量。新时代中国特色社会主义文化，源自于中华民族五千多年文明历史所孕育的中华优秀传统文化，熔铸于党领导人民在革命、建设、改革中创造的革命文化和社会主义先进文化，植根于新时代中国特色社会主义伟大实践。新时代中国特色社会主义文化，是中华文明长河奔腾行进至新时代的潮头所在，是中华民族现代文明的重要体现。

努力建设中华民族现代文明。在漫长历史进程中，中华民族筚路蓝缕、跋山涉水，走过了不同于世界其他文明体的发展历程，创造了源远流长、博大精深的中华文明，形成了中华民族独特的精神标识，为人类文明进步作出了独特贡献。静止的文明，其涸必然；常新的文明，方有前景。习近平主席在亚洲文明对话大会开幕式上指出："文明永续发展，既需要薪火相传、代代守护，更需要顺时应势、推陈出新。世界文明历史揭示了一个规律：任何一种文明都要与时偕行，不断吸纳时代精华。"中华文明之所以历经沧桑而不辍，成为世界上唯一没有中断的文明，一个极为重要的原因正在于其所具有的突出的创新性。共同努力创造属于我们这个时代的新文化，就要努力建设中华民族现代文明，这既是古老中华民族以青春姿态屹立于世界民族之林的内在需要，又是中华文明永葆生机、永续发展的必然要求。我们要继续秉持守正不守旧、尊古不复古的进取精神，把握时代特征、因应时代变化，不断拓深拓宽中华文明长河的新时代河床，接古源、开新泉、汇新流、蓄新能，使中华文明长河不断以新的气象澎湃向前。

更好担负起新的文化使命

对历史最好的继承，就是创造新的历史；对人类文明最大的礼敬，就是创造人类文明新形态。习近平总书记在文化传承发展座谈会上的重要讲话，对共同努力创造属于我们这个时代的新文化、建设中华民族现代文明作出重要部署，为我们更好担负起新的文化使命、谱写民族复兴新华章提供了科学指引。

坚定文化自信。"自信人生二百年，会当水击三千里。"文化自信是更基础、更广泛、更深厚的自信。坚定的文化自信，体现为对自己民族优秀文化创造及其时代价值的高度肯认和真诚礼敬。新时代十年，习近平总书记在前瞻复兴前景的同时回望中华民族的历史文明，对中华优秀传统文化的形成发展、风骨神韵、精神特质等作出精辟阐述。在文化传承发展座谈会上，习近平总书记从五个方面深刻总结了中华文明的突出特性，贯穿其中的是高度的文化自觉、文化自信。文化前行，代有其责。新时代新征程，我们要坚定文化自信，坚持走自己的路，立足中华民族伟大历史实践和当代实践，用中国道理总结好中国经验，把中国经验提升为中国理论，实现精神上的独立自主。

秉持开放包容。文明因多样而交流，因交流而互鉴，因互鉴而发展。中华文明之所以能历久弥新，就在于中华文明具有突出的包容性，始终以开放包容的姿态面对外域文明，敢于美人之美、善于择善而从。中华文明兼收并蓄、开放包容的胸怀是历史的，也是现实的。对待不同文明，我们需要比天空更宽阔的胸怀。习近平总书记指出："今天，我们要铸就中华文化新辉煌，就要以更加博大的胸怀，更加广泛地开展同各国的文化交流，更加积极主动地学习借鉴世界一切优秀文明成果。"博大的开放气象、自信的包容胸襟，是中华文明在历史上熠熠生辉的光彩形象，是当代中国直面世界的坚定姿态，也是中华文明能够再铸辉煌的重要特质。新时代新征程，我们要秉持开放包容，坚持马克思主义中国化时代化，传承发展中华优秀传统文化，促进外来文化本土化，不断培育和创造新时代中国特色社会主义文化。

坚持守正创新。共同努力创造属于我们这个时代的新文化，要有守正创新的正气和锐气。坚持守正创新的正气，就是要在守正问题上始终清醒理性、坚定不移；高扬守正创新的锐气，就是要在创新问题上始终坚韧不拔、一往无前。守正，就要坚守社会主义先进文化前进方向、坚守中华文化立场、坚守中国特色社会主义文化根本规定性、坚守马克思主义基本原理同中华优秀传统文化相结合这一必由之路，坚持中国特色社会主义文化发展道路，坚持马克思主义在意识形态领域指导地位的根本制度，坚持为人民服务、为社会主义服务，坚持百花齐放、百家争鸣，围绕举旗帜、聚民心、育新人、兴文化、展形象扎实推进社会主义文化强国建设。创新，就要以创新精神对待中华优秀传统文化的传承，将传承与创新有机统一起来，以传承滋养创新、以创新升华传承，更加自觉地推动中华优秀传统文化创造性转化、创新性发展；就要以创新精神推进文化新发展，满腔热忱对待文化领域的新生事物，发展文化新业态、满足文化新需求、彰扬文化新风貌。新时代新征程，我们要坚持守正创新的正气和锐气，共同努力创造属于我们这个时代、无愧于我们这个时代的新文化。

《人民日报》2023 年 6 月 15 日第 9 版

38

促进人类文明进步的中国方案

林松添

习近平总书记在文化传承发展座谈会上深刻阐明了中华文明的突出特性，其中包括突出的包容性、突出的和平性。习近平主席在中国共产党与世界政党高层对话会上提出的全球文明倡议，深刻回答了在各国前途命运紧密相连的今天，不同文明如何相处、人类文明向何处去等重大问题，为推动世界现代化进程、促进人类文明进步提供了中国方案。全球文明倡议彰显中国共产党坚持胸怀天下的责任担当，彰显中华文明突出的包容性和突出的和平性，顺应各国人民加强团结协作、携手应对共同挑战的愿望，为开创世界各国人文交流、文化交融、民心相通新局面注入信心和动力。

深刻理解全球文明倡议的时代价值和历史意义

党的十八大以来，习近平总书记科学把握国内外大势，统筹中华民族伟大复兴战略全局和世界百年未有之大变局，提出一系列具有开创性、全局性的新理念新思想新战略，指引中国特色大国外交破浪前行，同时开辟了当今世界国际关系理论创新的新境界。全球文明倡议是继共建"一带一路"倡议、全球发展倡议、全球安全倡议之后，习近平总书记提出的又一重大倡议，丰富了推动构建人类命运共同体的理论支撑和实现路径，具有重要的时代价值和历史意义。

全球文明倡议着眼应对全人类共同挑战，具有强大引领力。当今世界，百年变局加速演进，多重挑战和危机叠加，冷战思维阴霾不散，有的国家炒作地缘政治，煽动意识形态对立和阵营对抗，"文明优越论""文明冲突论"沉渣泛起，严重危及世界和平稳定与发展进步，人类社会面临各种风险挑战。习近平主席在亚洲文明对话大会开幕式上强调："应对共同挑战、迈向美好未来，既需要经济科技力量，也需要文化文明力量。"不同文明交流互鉴，有利于增进各国相互理解、相互尊重、相互信任，促进民相亲、心相通，为团结协作奠定基础。全球文明倡议直面人类文明发展进程中的挑战和问题，对于减少冲突和对抗、促进不同文明交流合作、凝聚应对共同挑战的合力具有重大意义。

全球文明倡议汲取中华优秀传统文化智慧，具有强大感召力。中华优秀传统文化始终绵延相承，积淀着中华民族最深层的精神追求，代表着中华民族最独特的精神标识，为中华民族生生不息、发展壮大提供了丰厚滋养。全球文明倡议生动体现中国共产党人坚持胸怀天下的世界观和方法论，传承中华民族热爱和平、追求和谐的血脉基因，传承中华优秀传统文化中和而不同、和衷共济、美美与共、天下大同等思想理念和社会理想。全球文明倡议是我们党坚持把马克思主义基本原理同中国具体实际相结合、同中华优秀传统文化相结合的理论创新成果，符合和平、发展、合作、共赢的时代潮流，彰显中国立场、中国智慧、中国价值，引发国际社会强烈共鸣。

全球文明倡议立足中国发展实践，具有强大影响力。在中国共产党坚强领导下，中国走出中国式现代化道路，用几十年时间走完发达国家几百年走过的工业化历程，创造了人类文明新形态。中国式现代化的成功实践，打破了"现代化＝西方化"的迷思，有力表明通往现代化的道路不止一条，人类文明是多样的、多彩的，各国能够基于自身文明传承和实际国情走出各具特色的现代化之路。中国式现代化既基于自身国情又借鉴各国经验，既造福中国人民又促进世界各国共同发展。作为人类文明新形态，中国式现代化与全球其他文明相互借鉴，共同绘就百花齐放的人类社会现代化新图景。在总结中国式现代化建设实践经验基础上提出的全球文明倡议，具有强大公信力、影响力。

深入把握全球文明倡议的丰富内涵

全球文明倡议的四个"共同倡导"，即共同倡导尊重世界文明多样性、共同倡导弘扬全人类共同价值、共同倡导重视文明传承和创新、共同倡导加强国际人文交流合作，深刻揭示人类文明发展规律，体现文明的多样性、共通性、发展性等特征，构成这一倡议的主要内涵。

尊重世界文明多样性，是践行全球文明倡议的首要前提。习近平主席强调："每一种文明都扎根于自己的生存土壤，凝聚着一个国家、一个民族的非凡智慧和精神追求，都有自己存在的价值。"文明各有差异，但没有高低优劣之别，更不能唯我独尊，而应多样共存。任何文明都不应用自己的尺度去衡量其他文明，任何试图用强制性手段来解决文明差异的做法都会给世界文明带来灾难性后果。承认文明多样性而予以尊重，是文明交流互鉴的基础。全球文明倡议主张坚持文明平等、互鉴、对话、包容，尊重不同文明的独特性、合理性，求同存异，寻求理念契合点、利益交汇点，促进不同文明相互学习和理解，破除隔阂和偏见、消除恐惧和冲突。

弘扬全人类共同价值，是践行全球文明倡议的基本立场。习近平主席指出："各国历史、文化、制度、发展水平不尽相同，但各国人民都追求和平、发展、公平、正义、民主、自由的全人类共同价值。"全人类共同价值超越意识形态、社会制度和发展水平差异，反映世界各国人民价值理念的最大公约数，回应各国人民的普遍期待和诉求，为世界实现持久和平、共同繁荣提供了价值纽带。全球文明倡议主张各国弘扬全人类共同价值，共同走和平发展道路，理解不同文明对价值内涵的认识，不把自己的价值观和模式强加于人。践行真正的多边主义，反对霸权主义、单边主义和强权政治，摒弃"文明优越论""文明冲突论"，反对以民主、自由、人权之名干涉别国内政。

重视文明传承与创新，是践行全球文明倡议的重要遵循。习近平主席强调："文明永续发展，既需要薪火相传、代代守护，更需要顺时应势、推陈出新。"任何一种文明都要与时偕行，不断吸纳时代精华。如果长期自我封闭、因循守旧，必将走向衰落。全球文明倡议倡导重视文明传承与创新，为人类文明永续发展指明方向。要用创新增添文明发展动力、激活文明进步的源头活水，对优秀传统文化进行创造性转化、创新性发展，善于从延续民族文化血脉中吐故纳新，善于以其他文明之优长启发自己的思维，不断创造出跨越时空、富有永恒魅力的文明成果。

加强国际人文交流合作，是践行全球文明倡议的重要途径。习近平主席指出："交流互鉴是文明发展的本质要求。"文明因交流而多彩、因互鉴而丰富，文明交流互鉴是推动人类文明进步和世界和平发展的重要动力。人是文明交流互鉴最好的载体。深化人文交流互鉴是消除隔阂与误解、促进民心相通的重要途径。要坚持以促进文明互鉴和民心相通为目的，加强国际人文交流合作，构建全球文明对话合作网络，丰富交流内容，拓展合作渠道，架起人与人之间情感沟通的桥梁，拉紧国与国之间加深理解和信任的纽带，共同建设一个开放包容的世界。

为推进文明交流互鉴贡献力量

国之交在于民相亲，民相亲在于心相通。习近平主席指出："我们必须大力加强文明交流互鉴，而民间外交则是推进文明交流互鉴最深厚的力量。"目前，中国已经与182个国家建立了外交关系，同140多个国家建立了2900多对友好城市，朋友圈不断扩大。要更好推进民间外交、城市外交、公共外交，多领域、多渠道、多层次开展民间对外友好交流，促进文明交流互鉴，促进中外人民相知相亲，为践行全球文明倡议作出应有贡献。

充分发挥民间外交作用，为践行全球文明倡议凝聚共识和力量。民间外交是国家总体外交的重要组成部分，具有主体多、领域广、资源丰、接地气等优势，对夯实中外友好的民意和社会基础具有重要作用。要更好推进民间外交，开拓更多交流渠道、创建更多合作平台，广泛调动中外资源，通过推动跨国界、跨时空、跨文明的交流互鉴活动，促进各国人民相互了解、相互理解、相互支持、相互帮助，推动各国人民充分认识文明互鉴、团结协作对人类的意义，凝聚践行全球文明倡议的共识和力量。

积极发挥城市外交作用，推动全球文明倡议落地见效、惠及人民。习近平主席强调："要大力开展中国国际友好城市工作，促进中外地方政府交流，推动实现资源共享、优势互补、合作共赢。"城市是我国开展民间对外友好交流的重要窗口和载体。要充分发挥国际友城作为国家关系落地见效承载地的作用，做强同主要大国、周边国家的国际友城人文交流平台，拓展同新兴市场和发展中国家的友城结好，深化文化、教育、卫生、媒体、青少年等领域友好交流合作，发挥我国数字经济、低碳环保、智慧城市等优势领域引领作用。广泛调动地方和民间资源，坚持以情感人、以理服人、以文载道，增强我国国际友城人文交流的影响力和感召力，让全球文明倡议给各国人民带来实实在在福祉。

充分发挥公共外交作用，增进国际社会对我国发展的理解和支持。公共外交能够促进中国与世界的相互认知，深化中国同世界的关系，推动中国与世界的良性互动和共同发展。要广泛参加国际非政府组织的活动，增进了解、深化友谊，传播好中国声音，讲好中国故事，增进国际社会对我国发展成就、发展道路、政治制度、价值理念等的认知和理解。在巩固优化现有双多边文明对话合作机制基础上构建新平台新机制，充分运用新媒体平台和形式积极发声、巧妙发声，不断丰富文明交流内涵和途径，积极维护和营造良好国际舆论环境，更好服务中国式现代化建设。

全球文明倡议是中国提供的又一国际公共产品，守护的是人类文明发展的美好未来。我们要坚定站在历史正确的一边、站在人类文明进步的一边，同国际社会一道共同践行全球文明倡议，深化文明交流互鉴，增进相互理解，推动构建人类命运共同体，让世界文明百花园姹紫嫣红、生机盎然。

《人民日报》2023 年 6 月 21 日第 9 版

39

厚植中华民族现代文明建设的历史底蕴

卜宪群

　　文化关乎国本、国运。习近平总书记在文化传承发展座谈会上指出："只有全面深入了解中华文明的历史，才能更有效地推动中华优秀传统文化创造性转化、创新性发展，更有力地推进中国特色社会主义文化建设，建设中华民族现代文明。"欲知大道，必先为史。深入考察中华民族文明建设的演进历程和历史特点，有助于我们以史为鉴，从中汲取智慧和力量，厚植中华民族现代文明建设的历史底蕴，更好地担负起新时代新的文化使命，在新的起点上继续推动文化繁荣、建设文化强国、建设中华民族现代文明。

中华民族历来重视文明建设

中华民族的历史，也是一部中华文明的建设史。自从 5000 多年前开始进入文明社会以来，中华文明从未中断、延续至今。中华文明是中华民族在漫长的历史进程中不断进行文明建设所取得的伟大文明成果。文明传承与文明建设不可分割。中国经历过数种不同的社会形态，也经历过众多王朝的更替或各民族政权的并存，但始终保持着文明的连续不断，根本原因就在于 5000 多年来中华民族进行文明建设的核心理念、制度构建的本质特征既一脉相承又与时俱进。

夏商周三代是中华文明建设的初创时期，中华先祖不仅创造出丰厚的物质文明，而且创造出灿烂的制度文明和精神文明。夏朝的建立表明中国进入了以国家制度形态传承文明的新的历史时期，结束了因邦国林立而缺乏政治核心的状况，奠定了中华民族多元一体政治格局的雏形。商朝的国家结构进一步发展，内外服制的国家结构制度构建，大大扩展了商朝的政治影响力与政治凝聚力。周朝推行宗法制与分封制，将血缘关系与政治权力分配相结合，并以礼乐文明巩固维护这一制度，国家结构更加严密完善。夏商周三代是中华民族精神文明建设的奠基时期。经过漫长的演化，作为中华文明传承最重要载体的甲骨文形成并成熟。甲骨文包含祭祀、天象、田猎、农业、战争等许多内容，反映了商人的精神世界。周朝的精神文明突出表现在民本思想的觉醒。从夏商王朝灭亡的教训中，周人总结出要重视民众的历史经验，提出了"人无于水监，当于民监"的著名论断，出现了"明德""慎罚""保民"的德治思想。民本德治思想从此在中国传统政治文明中占据一席之地，具有重大进步意义。

秦汉至明清的中国传统社会是中华民族文明建设波澜壮阔的时期。秦汉王朝所创立的中央集权君主专制制度、郡县制度、官僚制度、军事制度、经济制度、法律制度、监察制度、文书制度等，奠定了中国历史上大一统王朝制度文明的基本形态。此后历经魏晋南北朝、隋唐、宋元、明清各个时期，制度文明不断发展完善，其总体方向与趋势是维护统一多民族国家的大一统政治形态。与制度文明建设并驾齐驱，秦汉以降的精神文明建设蔚为壮观。虽然儒家思想长期居于主导地位，但始终和其他学说处于和而不同的局面之中。包括儒家思想在内的中国传统思想文化，与社会大众日常价值观相融通，在总结历史经验基础上形成了天下为公、民为邦本、天人合一、厚德载物、修齐治平、选贤任能、讲信修睦、亲仁善邻、革故鼎新、六合同风、允执厥中、彝伦攸叙等理念，并贯彻在历代治国理政的政治实践中，成为中华民族文明建设连续不断的思想基础。

中华民族文明建设的历史特点

中华民族数千年来走着一条不同于其他文明的独特道路，其中最显著的特点就是文化的一脉相承，这决定了中华文明建设的高度同质性。但同质不是停滞，是在继往开来进程中的不断创新，其根本原因是文化基因没有改变。

重视大一统内聚性的制度建构。国家是文明的载体，国家形态体现着文明建设的核心理念。大一统是中国传统国家形态的典型特征，是中华制度文明的核心。自先秦时期开始，中国就形成了中央集权的大一统政治理念，秦汉以后全面转化为政治实践。一是高度重视中央权威。中央的统摄地位和中央在国家制度总体安排上的权威是大一统的首要特质，数千年的单一制国家政治传统也因此形成。二是高度重视国家统一。国家统一是历代王朝不懈追求的目标。中国历史上分裂的主要原因在于中央集权的涣散等，而不是经济、文化、宗教方面的因素，因此无论怎样的分裂，最终还是走向统一。这是中国历史的一个鲜明特点。三是高度重视治理体系和治理能力的提升。中国历史上的中央权威不仅表现在权力集中上，还体现在对国家事务的统领与治理上。朝廷制度、郡县制度、文书制度、选拔制度、监察制度等不断完善，极大提高了行政效率，展现出强大的政治凝聚力、民族凝聚力与行政执行力。

重视以民为本的治理理念。中国自西周起逐渐摆脱了神本政治的束缚，重视人民在国家稳定中的作用，强调在国家治理中应当贯彻以民为本的理念。《尚书》中说："民可近，不可下。民惟邦本，本固邦宁。"意指为政要亲近人民，不能轻视与低看；人民是国家的根基，根基牢固了，国家才能安定。管子说："政之所兴，在顺民心；政之所废，在逆民心。"孔子和孟子主张"仁"与"仁政"，蕴含着丰富的"民本"内容。关于民本思想的论述数千年来史不绝书，其核心是积极主张国家应当保民、重民、爱民。中国传统国家治理中调整土地关系、平均财富、打击豪强、整顿吏治等措施，都是落实民本思想的具体办法。

重视德主刑辅的法治观念。《荀子》中说："法者，治之端也"。中国传统国家制度体系中包含着对法治重要性、公平公正性的丰富认识。人们从秦朝的速亡中得出"徒法不能以自行"的历史教训。自汉武帝开始，儒家思想被吸收到法律体系中，体现在立法、司法领域，形成德主刑辅特色。德主刑辅以儒家的德治思想为治理社会的主要方式，而把以制裁为主的刑罚放在次要位置，强调明德慎罚，不滥施刑罚。中国古代疑难案件逐级上报的奏谳制度、疑罪从轻制度、录囚制度，特别是死刑判决的多层次复审制度等，都是明德慎罚的具体体现。

重视选贤任能的选拔制度。《吕氏春秋》中说："身定、国安、天下治，必贤人。"中华文明高度重视人才的选拔使用，形成了独具特色的人才选拔制度。一是注重民意。中国古代的察举制、九品中正制、科举制三大选官制度，前两者在制度设计初衷上与听取民意有直接关系。二是维护公平。以科举制为代表的考试选官制度在隋唐时确立。士人自由报考，没有身份、地位、财产限制，受到社会中下阶层的广泛欢迎。三是德先才后。"才者，德之资也；德者，才之帅也。"在官员选拔、考核时将儒家思想所强调的德作为第一位的标准，将才作为第二位的标准。

重视协和万邦的开放包容精神。《礼记》中说："大道之行也，天下为公。"中华民族主张天下为公，希望天下平等公道。具体来看，一是追求和而不同。《论语》中孔子用"和而不同"比喻"君子"的高尚品格，《国语》中史伯提出"和实生物，同则不继"的论断，体现了中国人认为美好事物理应共生共荣的理念。二是追求怀远以德。往圣先贤主张用"仁政"而非"相攻"的方式处理对外关系，"招携以礼，怀远以德"是中国历代中原王朝处理与民族政权、周边国家关系的重要模式。三是追求对外开放。中华文明绝不是封闭的文明，以陆上和海上丝绸之路为代表的经济文化交流，促进了包括中国在内的相关国家社会发展与互利共赢。

中华民族现代文明建设的历史借鉴

在进行文明建设的 5000 多年中，无论盛世如歌还是风雨如晦，中华民族始终保持着坚定的文化自信和文化定力，以自身深厚的历史底蕴不断实现着文明更新。今天，建设中华民族现代文明，要深入贯彻落实习近平总书记"全面深入了解中华文明的历史"的重要要求，以丰沛的历史资源厚植中华民族现代文明建设的历史底蕴。

中华民族现代文明建设离不开深厚历史底蕴。习近平总书记指出："如果不从源远流长的历史连续性来认识中国，就不可能理解古代中国，也不可能理解现代中国，更不可能理解未来中国。"贾谊在《过秦论》中写道："'前事之不忘，后事之师也。'是以君子为国，观之上古，验之当世，参之人事，察盛衰之理，审权势之宜，去就有序，变化因时，故旷日长久而社稷安矣。"从古今结合的角度汲取治国理政的智慧，是中华民族的一条重要历史经验。中华民族现代文明是马克思主义基本原理同中国具体实际、同中华优秀传统文化相结合的结果，是从 5000 多年的文明史中走出来的文明。建设中华民族现代文明绝不是中断、消灭中华民族的古老文明，而是在中国共产党领导下让古老文明在内生性演化中不断赓续更新，在深厚历史底蕴基础上实现创新发展。

科学借鉴中华文明建设的历史智慧。中华优秀传统文化中包含着很多中华民族现代文明建设可以汲取的历史智慧。比如，从制度文化看，统一多民族国家的单一制制度形态就是历史留给我们的宝贵遗产，是中华民族现代文明建设的制度根基所在；民本思想影响下的历代中央政权的治理措施、议政方式、决策过程、施政形式，也有可取的制度因素。又如，从思想文化看，中华优秀传统文化中所包含的民本、大同、公平、平等、自由、和合等思想理念，可以为现代文明建设提供丰厚滋养。建设中华民族现代文明，需要坚持古为今用、推陈出新，"以古人之规矩，开自己之生面"。

认真做好中华优秀传统文化的传承与研究工作。中华优秀传统文化是中华文明的智慧结晶和精华所在，蕴含着我们今天建设现代文明所需要的诸多元素。建设中华民族现代文明，需要推动中华优秀传统文化创造性转化、创新性发展。我们必须坚持以马克思主义为指导，本着科学的态度，认真做好中华优秀传统文化的传承与研究工作，不断深化对中华文明发展规律的认识。我们要立足中华民族伟大历史实践和当代实践，用中国道理总结好中国经验，把中国经验提升为中国理论，不断深化对中华民族现代文明建设的规律性认识、历史性认识。

《人民日报》2023 年 9 月 25 日 第 13 版

40

坚定文化自信
创造属于我们这个时代的新文化

刘同舫

文化关乎国本、国运。习近平总书记对宣传思想文化工作作出重要指示，充分肯定新时代宣传思想文化工作取得的历史性成就，深刻阐释宣传思想文化工作的极端重要性，围绕在新的历史起点上继续推动文化繁荣、建设文化强国、建设中华民族现代文明这一新的文化使命提出重要要求，为新时代新征程宣传思想文化工作指明了前进方向。新时代新征程，我们要坚持以习近平新时代中国特色社会主义思想为指导，深入学习贯彻习近平文化思想，切实做好宣传思想文化各项工作，更好担负起新时代新的文化使命，推动中华文明重焕荣光。

不断增强文化自信

在长期的奋斗历程中，具有高度文化自觉的中国共产党坚持以马克思主义为指导，高扬革命理想、弘扬民族精神、发展先进文化，领导中国人民在精神上从被动转为主动。党的十八大以来，习近平总书记把文化自信和道路自信、理论自信、制度自信并列为中国特色社会主义"四个自信"，强调文化自信是"更基础、更广泛、更深厚的自信""更基本、更深沉、更持久的力量"，从理论上深刻阐明了文化对中国特色社会主义道路、理论、制度的深层支撑作用，深刻揭示了实现中华民族伟大复兴的精神力量源泉。习近平文化思想的形成，充分表明我们党的历史自信、文化自信达到了新高度。

新时代是一个需要文化自信并且能够铸就文化自信的时代。我们比历史上任何时期都更接近中华民族伟大复兴的目标，比历史上任何时期都更有信心、有能力实现这个目标，但也要付出更为艰巨、更为艰苦的努力。只有坚定文化自信，推动文化繁荣兴盛，才能形成推动实现中华民族伟大复兴的强大精神力量。党的十八大以来，面对实现"两个一百年"奋斗目标和中华民族伟大复兴中国梦的宏伟蓝图，面对国内外环境的深刻复杂变化，以习近平同志为核心的党中央坚定文化自信，推动新时代社会主义文化建设在正本清源和守正创新中取得历史性成就、发生历史性变革，全党全国各族人民的文化自信显著增强、日益坚定，文化自信深刻融入中华民族的精神气质与文化品格中，昂扬向上的风貌和理性平和的心态日益养成，为新时代坚持和发展中国特色社会主义提供了坚强思想保证和强大精神力量。

习近平总书记指出："我们要建设的社会主义现代化强国，不仅要在物质上强，更要在精神上强。"坚定文化自信是全面建设社会主义现代化国家的题中应有之义，是更好担负起新的文化使命的目标所指、路径所依。新时代新征程，我们要以高度的文化自信推进中华民族伟大复兴，不断提振全党全国各族人民在新的历史起点上继续推动文化繁荣、建设文化强国、建设中华民族现代文明的勇气和信心，在中国人民志气、骨气、底气不断增强的基础上，继续谱写文化兴国运兴、文化强民族强的新篇章。

让中华文化绽放新的时代光彩

一个民族的复兴总是以文化的兴盛为强大支撑，一个时代的进步总是以文化的繁荣为鲜明标识。党的十八大以来，我们党在文化建设中采取了一系列战略性举措，推进了一系列变革性实践，实现了一系列突破性进展，取得了一系列标志性成果，将博大精深、源远流长的中华优秀传统文化，刚健激越、百折不挠的革命文化和团结奋进、与时俱进的社会主义先进文化熔铸于新时代中国特色社会主义建设的伟大实践，不断推动文化繁荣发展。新时代新征程，我们要更好担负起新的文化使命，让中华文化绽放新的时代光彩。

坚持守正创新。守正，文化建设才能不迷失自我、不迷失方向；创新，文化建设才能把握时代、引领时代。在新的历史起点上继续推动文化繁荣，一要坚持"守正"，在实践中牢牢坚持马克思主义在意识形态领域指导地位的根本制度，坚持"两个结合"的根本要求，坚持中国共产党的文化领导权和中华民族的文化主体性；二要坚持

"创新"，敢于善于在文化建设中提出新思路、表达新话语、形成新机制、推出新形式，让一切文化创造源泉充分涌流，使中国特色社会主义文化始终反映时代精神、引领时代潮流。

大力发展文化事业和文化产业。文化事业和文化产业是文化繁荣发展的重要支撑。更好担负起新的文化使命，要坚持以人民为中心的创作导向，围绕提高人们的审美水平、道德素养和精神智识，满足人民群众高层次文化需求，推出更多能增强人民精神力量的优秀作品，通过高质量的文化供给满足人民日益增长的精神文化需求，增强人们的文化获得感与幸福感。健全文化要素市场运行机制，依托重大文化产业项目带动战略，健全现代文化产业体系和市场体系，推动各类文化市场主体发展壮大，培育新型文化业态和文化消费模式。健全覆盖城乡、便捷高效、保基本、促公平的现代公共文化服务体系，实施文化惠民工程，为人民群众共享文化建设成果和实现精神生活共同富裕创造必要条件。

不断提升中华文化软实力。让中华文化绽放出新的时代光彩，需要全面提升中华文化软实力，坚守中华文化立场，提炼中华文明的精神标识和文化精髓。要加快构建中国话语和中国叙事体系，讲好中国故事、传播中国声音，展现可信、可爱、可敬的中国形象，让世界了解真实、立体、全面的中国。加强国际传播能力建设，全面提升国际传播效能，形成同中国综合国力和国际地位相匹配的国际话语权。以文化为纽带推动国际交流合作，在不同文明的交流互鉴中展现新时代中国新形象，不断提升中国文化和中华文明的亲和力、感染力、吸引力。

努力创造属于我们这个时代的新文化

泱泱中华，万古江河。中华民族创造了绵延五千多年的灿烂文明，为世界文明发展作出了巨大贡献。礼敬五千多年的历史沧桑，赓续中华文明的历史辉煌，就要以建设中华民族现代文明为目标指向。今天，坚持以习近平新时代中国特色社会主义思想为指导，深入学习贯彻习近平文化思想，推动中华优秀传统文化创造性转化、创新性发展，努力建设中华民族现代文明，以之推动中国式现代化进程、支撑中华民族伟大复兴、创造人类文明新形态，是新时代中华儿女的历史机遇和光荣责任。

全面深入了解中华文明的历史。习近平总书记指出："只有全面深入了解中华文明的历史，才能更有效地推动中华优秀传统文化创造性转化、创新性发展，更有力地推进中国特色社会主义文化建设，建设中华民族现代文明。"参天之木，必有其根；怀山之水，必有其源。历史是从昨天走到今天再走向明天，人们总是在继承前人的基础上向前发展。中华优秀传统文化是中华文明的智慧结晶和精华所在，中国特色社会主义的"中国特色"源于绵延五千多年的中华文明。全面深入了解中华文明的历史，要深刻把握中华文明突出的连续性、创新性、统一性、包容性、和平性，深刻认识中华优秀传统文化、中华文明与中国特色社会主义之间的内在联系，在中华民族现代文明建设中把弘扬中华优秀传统文化、传承革命文化、发展社会主义先进文化紧密结合起来，在继承中发展、在发展中继承，不断创造属于我们这个时代的新文化。

着力推进"两个结合"特别是"第二个结合"。"两个结合"特别是"第二个结合"为我们不断培育和创造新时代中国特色社会主义文化、推动建设中华民族现代文明提供了重要的思想指引。"第二个结合"是又一次的思想解放，将马克思主义基本原理同中华优秀传统文化相结合，以马克思主义的真理力量激活古老的中华文明，以科学的立场、观点和方法推动中华优秀传统文化创造性转化、创新性发展，使中华文明在新时代焕发出勃勃生机，让我们能够在更广阔的文化空间中充分运用中华优秀传统文化的宝贵资源，探索面向未来的理论和制度创新，创造属于我们这个时代的新文化。

立足中国式现代化的伟大实践。唯物史观认为，文明是人类实践的产物。建设中华民族现代文明应当立足于中国式现代化这个当代中国的最伟大实践。习近平总书记指出："中国式现代化赋予中华文明以现代力量"。我们要深刻把握中华文明与中国式现代化相互融通、彼此成就的逻辑关系，努力在中华文明五千多年积淀的深厚文化基础上推进和拓展中国式现代化，在推进中国式现代化的伟大进程中建设中华民族现代文明。中华文明在中国式现代化的实践中得以赓续，中国式现代化在中华文明的滋养中得以壮大，这意味着源于古老文明、深植于中华优秀传统文化的中国式现代化必将推动中华文明重焕荣光。新时代新征程，我们要善于把坚守马克思主义这个魂脉和中华优秀传统文化这个根脉，把建设中华民族现代文明、创造属于我们这个时代的新文化，融入中国式现代化的伟大实践之中，为全面建设社会主义现代化国家、全面推进中华民族伟大复兴提供坚强思想保证、强大精神力量、有利文化条件。

《人民日报》2023 年 11 月 8 日第 13 版

41

提炼展示中华文明的
精神标识和文化精髓

向玉乔

习近平总书记在文化传承发展座谈会上强调："中国文化源远流长，中华文明博大精深。只有全面深入了解中华文明的历史，才能更有效地推动中华优秀传统文化创造性转化、创新性发展，更有力地推进中国特色社会主义文化建设，建设中华民族现代文明。"党的二十大报告提出："坚守中华文化立场，提炼展示中华文明的精神标识和文化精髓"。中华文明在 5000 多年发展演进中形成了独特的精神标识和精深厚重的文化精髓。提炼展示中华文明的精神标识和文化精髓，不仅有助于充分彰显中华民族的文明创造能力，揭示中华文明从古至今绵延不绝的奥秘；而且有助于全面深入了解中华文明的历史，更有效地推动中华优秀传统文化创造性转化、创新性发展，更有力地推进中国特色社会主义文化建设；还有助于向世界传递中国精神、彰显中国价值、展现中国力量，推动中华文明更好走向世界。

彰显中华文明突出特性的内在要求。中华文明开放包容、海纳百川，又自成体系、独具特色，形成了自己的一系列突出特性。中华文明赓续不断、生生不息，是世界几大古代文明中唯一没有中断、延续发展至今的文明，具有突出的连续性。中华文明注重守正出新、革故鼎新，具有突出的创新性。中华文明由多民族共同创造，各民族文化融为一体、即使遭遇重大挫折也牢固凝聚，具有突出的统一性。中华文明始终以开放胸怀同世界其他文明开展交流互鉴，具有突出的包容性。中华文明倡导不同文明和平共处、和谐共生，为促进世界和平与发展提供了思想滋养，具有突出的和平性。提炼展示中华文明的精神标识和文化精髓，有助于揭示和彰显中华文明的突出特性。

提振中华民族文化自信的内在要求。文化是民族的精神命脉，文化自信是更基础、更广泛、更深厚的自信，是一个国家、一个民族发展中最基本、最深沉、最持久的力量。党的十八大以来，以习近平同志为核心的党中央把文化建设提升到一个新的历史高度，全党全国各族人民文化自信明显增强、精神面貌更加奋发昂扬。同时要看到，国际上一些人或出于意识形态偏见，或出于所谓"西方文明优越"的傲慢，对我们仍存在一些误解曲解。提炼展示中华文明的精神标识和文化精髓，有助于增强中华民族的文化自信，提振传承发展中华文明的志气、骨气、底气，共同努力创造属于我们这个时代的新文化，建设中华民族现代文明。

凸显中华文明世界意义的内在要求。中华文明是世界上唯一自古延续至今、从未中断的文明，向世界贡献了深刻的思想体系、丰富的科技文化艺术成果、独特的制度创造，深刻影响了世界文明进程。习近平主席在亚洲文明对话大会开幕式上指出："应对共同挑战、迈向美好未来，既需要经济科技力量，也需要文化文明力量。"提炼展示中华文明的精神标识和文化精髓，既是中国发展的内在需要，又是不同文明交流互鉴的现实要求。博大精深的中华文明蕴藏着解决当代人类面临的难题的重要启示，例如，关于道法自然、天人合一的思想，关于天下为公、大同世界的思想，关于自强不息、厚德载物的思想，关于以民为本、安民富民乐民的思想，都可以为我们认识和改造世界提供有益启迪。提炼展示中华文明的精神标识和文化精髓，不仅能为中华民族发展提供强大精神支撑，而且能推动中华文明更好走向世界、造福世界。

习近平总书记指出："在5000多年文明发展中孕育的中华优秀传统文化，在党和人民伟大斗争中孕育的革命文化和社会主义先进文化，积淀着中华民族最深沉的精神追求，代表着中华民族独特的精神标识。"提炼展示中华文明的精神标识和文化精髓，要深入挖掘中华优秀传统文化、革命文化、社会主义先进文化的精神标识和文化精髓。

深入挖掘中华优秀传统文化的精神标识和文化精髓。源远流长、博大精深的中华优秀传统文化，历经漫长历史发展、众多因素积累、各个民族贡献，留下数不胜数的文化典籍，形成丰富的哲学思想、人文精神、教化思想、道德理念等，如崇仁爱、重民本、守诚信、讲辩证、尚和合、求大同等思想理念，自强不息、敬业乐群、扶正扬善、扶危济困、见义勇为、孝老爱亲等传统美德。这些思想理念和道德规范蕴含着中华民族代代相传的精神标识和文化精髓，不论过去还是现在，都有其永不褪色的价值。

深入挖掘革命文化的精神标识和文化精髓。革命文化诞生于血与火的革命岁月，是中国共产党坚持以马克思主义为指导，带领中国人民书写的红色文化篇章，是中国革命取得胜利的文化支撑和精神动力，具有鲜明的民族性、科学性、大众性。在革命斗争中，我们形成了伟大建党精神、井冈山精神、长征精神、延安精神等，集中体现了党的理想信念、根本宗旨、优良作风。革命文化是激励我们不懈奋斗的宝贵精神财富。

深入挖掘社会主义先进文化的精神标识和文化精髓。在社会主义革命和建设时期，我们形成了北大荒精神、红旗渠精神、雷锋精神、焦裕禄精神等精神标识。在改革开放和社会主义现代化建设新时期，我们形成了改革开放精神、女排精神、抗洪精神、载人航天精神、北京奥运精神等精神标识。在中国特色社会主义新时代，我们形成了塞罕坝精神、工匠精神、探月精神、新时代北斗精神、抗疫精神、脱贫攻坚精神等精神标识。只有深入挖掘社会主义先进文化的精神标识和文化精髓，才能不断为推进社会主义现代化建设提供强大精神动力。

习近平总书记在党的二十大报告中强调"增强中华文明传播力影响力"，并对此作出全面部署。增强中华文明传播力影响力，需要在提炼展示中华文明的精神标识和文化精髓基础上，构建中国话语和中国叙事体系，讲好中国故事、传播好中国声音，向世界推介更多具有中国特色、体现中国精神、蕴含中国智慧的优秀文化，展现可信、可爱、可敬的中国形象，让世界读懂中国、读懂中国人民、读懂中国共产党、读懂中华民族。

构建中国话语和中国叙事体系。提炼展示中华文明的精神标识和文化精髓，增强中华文明传播力影响力，关键在于构建中国话语和中国叙事体系。构建中国话语和中国叙事体系，既要传承弘扬已经形成的精彩话语，又要进行话语创新，打造融通中外的新概念、新范畴、新表述，更加充分、更加鲜明地展现中华文明及其背后的思想力量和精神力量；要把叙事逻辑、叙事内容、叙事技巧、叙事效果等贯通起来，体现专业化、系统化、大众化，增强叙事的创造力、感召力、公信力，向世界展示真实、立体、全面的中国，展现中华文明的悠久历史和深厚底蕴。

加强国际传播能力建设。传播力决定影响力，增强中华文明传播力影响力，必须加强国际传播能力建设，推进理念、内容、形式、方法、手段、业态、机制等创新，打造更多传播精品，着力提高国际传播影响力、中华文化感召力、中国形象亲和力、中国话语说服力、国际舆论引导力。加强国际传播理论研究，掌握国际传播规律，采用贴近不同区域、不同国家、不同群体受众的精准传播方式，推进中华文明的全球化、区域化、分众化表达，以情感的沟通、理性的说服、价值的共鸣讲好中国故事、传播好中国声音，增强国际传播的亲和力和实效性，提升传播效能，推动中华文明更好走向世界。

深化文明交流互鉴。文明因交流而多彩，文明因互鉴而丰富。文明交流互鉴是推动人类文明进步和世界和平发展的重要动力。人类创造的各种文明都是劳动和智慧的结晶，每一种文明都是独特的。只有交流互鉴，文明才能充满生机活力。中华文明是中国人民、中华民族创造的，它不仅属于中国，也属于世界，是贡献世界、造福人类的宝贵财富。我们要积极走向世界，让世界了解中华文明，让中华文明同各国人民创造的多彩文明一道，为人类提供正确精神指引。同时要秉持平等谦逊的态度，了解各种文明，从中寻求智慧、汲取营养，携手解决人类共同面临的各种挑战。

《人民日报》2023 年 6 月 20 日第 9 版

42

增强中华文明传播力影响力

俞　峰

　　一个国家、一个民族的发展兴盛，必然伴随着文化传播力、文明影响力的不断提升。自古以来，中华文明在继承创新中不断发展，在应时处变中不断升华，在世界上影响深远，有力推动了人类文明发展进程。中华文明在对外传播中向世界贡献了深刻的思想体系、丰富的科技文化艺术成果、独特的制度创造，为人类文明进步作出了突出贡献。党的十八大以来，在以习近平同志为核心的党中央坚强领导下，中华优秀传统文化的风骨神韵、革命文化的刚健激越、社会主义先进文化的繁荣兴盛在新时代的伟大实践中得到充分彰显，我国文化建设取得历史性成就、发生历史性变革。

　　当前，我国日益走近世界舞台中央，这对我们推动中华文化繁荣兴盛提出了新的使命任务。习近平总书记在党的二十大报告中对

"推进文化自信自强，铸就社会主义文化新辉煌"作出重要部署，强调"增强中华文明传播力影响力"。这不仅是重要战略部署，也是重点研究课题。我们要坚守中华文化立场，深化文明交流互鉴，加强国际传播能力建设，从而不断增强中华文明传播力影响力。

坚守中华文化立场。每一种文明都扎根于自己的生存土壤，凝聚着一个国家、一个民族的非凡智慧和精神追求，都有自己存在的价值。中华文明有着一贯的处世之道，如亲仁善邻、协和万邦；有着鲜明的价值导向，如惠民利民、安民富民；有着永恒的精神气质，如革故鼎新、与时俱进；有着内在的生存理念，如道法自然、天人合一；等等。字是方块字，魂是中国魂。独特的文化传统、独特的历史命运、独特的基本国情，注定了我们必然要走适合自己特点的发展道路，也决定着增强中华文明传播力影响力的重要原则就是坚守中华文化立场。不同的文化立场深刻影响着实践主体看待文化问题的角度和方式。在坚守中华文化立场中增强中华文明传播力影响力，就要坚守中国特色社会主义文化发展方向，坚定文化自信、培育文化之根、筑牢文化之魂。尤其在讲好中国故事、传播好中国声音上，要更加注重展示中国之路、中国之治、中国之理背后的思想力量和精神力量，让世界全方位、多角度了解博大精深的中华文化。

深化文明交流互鉴。文明因交流而多彩，文明因互鉴而丰富。习近平主席在联合国教科文组织总部发表演讲时指出："文明交流互鉴，是推动人类文明进步和世界和平发展的重要动力。"深化文明交流互鉴，要以海纳百川、开放包容的广阔胸襟，融合世界各民族文化精粹，在广泛开展同各国文化交流、学习借鉴世界一切优秀文明成果中不断提升中华文明传播力影响力。从历史上的佛教东传、"伊儒会通"，到近代以来的"西学东渐"、新文化运动、马克思主义和社会主义思想传入中国，再到改革开放以来全方位对外开放，中华文明始终在兼收并蓄中历久弥新。以文化艺术来说，现代以来，我国文艺和世界文艺的交流互鉴一直在进行着，芭蕾舞、管弦乐、油画、电影、话剧、现代小说、现代诗歌都是借鉴国外又进行民族创造的成果，我国文艺也在与世界文艺的交流互鉴中不断扩大影响力。历史和实践充分表明，中华文明具有突出的包容性，是在同其他文明不断交流互鉴中形成的开放体系。在深化文明交流互鉴中不断增强中华文明传播力影响力，就要坚定走相互尊重、和衷共济、和合共生的人类文明发展正确道路，大力弘扬平等、互鉴、对话、包容的文明观，让中国故事更为生动、中国形象更加鲜活、中华文化更加深入人心。我们要搭建开放包容的文明对话平台，深入开展各种形式的人文交流活动，广泛参与世界文明对话，向世界阐释推介更多具有中国特色、体现中国精神、蕴藏中国智慧的优秀文化，以文载道、以文传声、以文化人。

加强国际传播能力建设。习近平总书记指出，要采用贴近不同区域、不同国家、不同群体受众的精准传播方式，推进中国故事和中国声音的全球化表达、区域化表达、分众化表达，增强国际传播的亲和力和实效性。我们增强中华文明传播力影响力，一方面，要加强国际传播的理论研究，掌握国际传播的规律，既在传播渠道方面掌握现有媒体和交流平台的传播特点，又在传播内容方面着力打造融通中外的新概念、新范畴、新表述，为中国声音传得更开、更广、更深入提供学理支撑；另一方面，要全面提升国际传播效能，充分运用各类传播方式，通过新形式、新手段、新途径，构建具有鲜明中国特色的战略传播体系，着力提高国际传播影响力、中华文化感召力、中国形象亲和力、中国话语说服力、国际舆论引导力。

《人民日报》2023 年 9 月 25 日 第 13 版